高野 登
ザ・リッツ・カールトン・ホテル
前・日本支社長

リッツ・カールトンが大切にする
サービスを超える瞬間

かんき出版

"We Are
Ladies and
Gentlemen
Serving
Ladies and
Gentlemen"

クレドカードのモットー

はじめに

一九八三年にアトランタで誕生したザ・リッツ・カールトン・ホテル・カンパニーは、わずか二十数年間で世界のホテル地図を塗り替えてきました。

米国のビジネス誌やレジャー誌ではつねにトップクラスの評価を得るまでになったのです。アジアにおいても、シンガポール、上海、香港などのリッツ・カールトンは、従業員にとって、もっとも働きがいのあるホテル・カンパニーとしての評価を受けています（ベスト・エンプロイヤー賞）。

一九九七年に開業した大阪のリッツ・カールトンもまた、日経ビジネス誌をはじめ、国内外の主要誌によるホテルランキングで高い評価をいただいています。

しかし、リッツ・カールトンが目指しているものは、じつはホテル・カンパニーの運営ではなく、新しいライフスタイルとしてのブランドを確立していくということなのです。

たとえば大阪のリッツ・カールトン。小さくしつらえたロビー、自動ドアのない玄関、ちょっと分かりにくいエレベーターの位置、暖かいお部屋、グルメをうならせるレストラン、など等。それらはすべて綿密に設計された、「ラグジュアリー・ライフスタイルのブランド」の舞台装置なのです。

そして五百人の紳士淑女、つまり従業員が、主役であるお客様に対していろいろな形でホスピタリティを生み出していきます。その舞台がたまたま宿泊施設の体裁を取っているだけなのです。その意味からすると、リッツ・カールトンはホテル産業ではなく、ホスピタリティ産業といえるでしょう。

ホスピタリティには、思いやりや親切心、心からのおもてなしという意味があります。リッツ・カールトンが提供しているのは、設備や技術ではなく、まさに心そのもの。リッツ・カールトンがお客様から高い評価をいただく最大の理由もそこにあるのではと考えています。

私は二十代前半に単身アメリカへ渡りました。それからニューヨーク、ロサンゼルス、サンフランシスコの大小さまざまなホテルで修業を積み、リッツ・カールトンと出会いました。それまでのホテルでもサービスの真髄をいろいろと学ばせてもらいましたが、リッツ・カールトンのサービスに対する考え方は大きく違いました。

何より驚いたのは、リッツ・カールトンでは、従業員も〝お客様〟として扱われることです。

たとえば以前、ボストンの社員食堂では、入り口で黒服のスタッフが満面の笑みで出迎えてくれました。

"Welcome to my dining room!"

これはあとで知ったことですが、従業員を〝内部顧客〟と呼び、同じ目線でお互いを理解しあい、心から尊敬しあう。それがリッツ・カールトンのサービス哲学であり、普段からごく自然に行われていることでした。

・どうすればお客様に感動を与えられるのか
・従業員が誇りと喜びを持てる職場環境とは何か
・お客様が言葉にされない願望を先読みして満たすためのチームワークとはどういうものか

豪華な建物と完璧なサービスマニュアルがあっても、こうした企業の熱いパッションが根底に流れていなければ、ホテルが宿泊産業の域を超えることはない。企業の〝心〟と〝魂〟が従業員を通してお客様に伝わって、初めてホテルは、ひとつのブランドへと昇華されるのです。

リッツ・カールトンの従業員は、クレド（信条）と呼ばれるカード（46ページ）を肌身離さず持っています。クレドはゴールド・スタンダードとも呼ばれ、経営理念や哲学がすべて凝縮されています。リッツ・カールトンにおいてホスピタリティの実現、つまりサービスを超える瞬間は、クレドの精神を全従業員が共有して初めて成し得るものなのです。

本書がビジネスを超えて、人と接するときのヒントになれば、嬉しく思います。

二〇〇五年八月

高野　登

サービスを超える瞬間〔目次〕

第3章 リッツ・カールトンを支える七つの仕事の基本

第4章 サービスは科学だ

第5章 リッツ・カールトン流「人材の育て方」

第6章 リピーターをつくるブランド戦略

第7章　いますぐ実践したい〝本当のサービス〟とは？

装丁　渡辺弘之

第1章

感謝されながら、成長できる仕事術

1 お客様がベッドで眠りにつかれる瞬間を大事にする

リッツ・カールトンは、夜、お客様がベッドにお入りになり、目を閉じてリラックスされてから眠りにつくまでのひと時をとても大切に考えています。

多くの顧客のみなさまは、仕事にプライベートに、毎日とてもお忙しい時を過ごしていらっしゃいます。ご宴会やご婚礼、あるいは出張などでリッツ・カールトンにお泊まりいただくお客様は、一日が終わって、おやすみになるまでのあいだ、どんなことを思っていらっしゃるのでしょうか。

たとえば、親戚の結婚式に出席するためにリッツ・カールトンにお泊まりいただいたお客様が、せっかくだから式のあと一泊しようと予約の電話を入れたときに、とても親切に説明をしてくれた女性スタッフの温かい対応が思い出される……。

タクシーでホテルに到着したら、玄関で待っていたのは、柔らかい笑みを浮かべたドアマンだった。てきぱきと荷物をおろしてすぐにベルマンの男性に手渡していた。フロントに案内されたらいきなり、「○○様、いらっしゃいませ」と名前で呼ばれたのには驚いた。はじめて泊まるのに、どうしてそれがわかったのだろう……。

ほんとうに素晴らしい結婚式だった。キャンドル点灯や堅苦しいあいさつはほとんどなく、とてもユニークで楽しい演出だった。あれは若い二人のアイデアなのだろうか、それともホテルのスタッフが考えてくれたのだろうか……。お料理もワインも美味《おい》しかったな。宴会の料理はあまり期待できないものが多いというけど、今日のメニューはまるでレストランでいただくものと一緒だった……。

そういえばあのウエイターさん、ビーフが苦手な家内が料理にまったく手をつけずにいたのに気づいて、鳥のお料理はいかがですか、といってそっと取り替えてくれた。家内のやつ、感激して泣き出しそうだった。まったく、おおげさなんだから……。

眠りにつくときに、お客様に、

「このホテルに来て良かったな」

「明日はまたどんな感動があるのだろう」

と思っていただけるようなサービスが提供できているかどうか。それが私たちの願いであり、お客様からの通信簿なのです。

多くのホテルには広々としたロビーがあり、シャンデリアや、みごとに活けられた花々、それにたくさんの美術品までもが飾られています。大宴会場や会議室には最先端のハイテクを駆使したシステムが完備されています。たしかにそれらは、ホテルとしての価値や機能を百パーセント活かすうえでとても大切なことです。

また、どこのホテルにも広々としたスイートルームがあります。リッツ・カールトンのプレジデンシャル・スイートには、ふかふかの絨毯《じゅうたん》が敷き詰められ、パーティが開けるようにとグランドピアノが用意されています。高価な家具、美術品など、スイートに相応しいさまざまな調度品でしつらえてあります。バスルームはゆったりとくつろげる大きさですし、窓から見える景色は最高です。まさにラグジュアリーな雰囲気を満喫できる特別な空間になっています。

しかし、ベッドに入って目を閉じた瞬間に、グランドピアノも、高級な調度品も、素晴らしい夜景も、すべてお客様の目の前から消えてなくなります。お客様とホテルとの物理的な接点はベッドのシーツだけになるのです。

　目を閉じたお客様とホテルをつないでいるもの。それは、ホテルにご予約の電話をかけてこられたときから、到着されて、そしておやすみになるまでのあいだの、その日一日のホテルにおける思い出だけなのです。

　おやすみになる前の、ほんの数分のあいだに、もう一度リッツ・カールトンのいろいろな場面での体験を思い起こしながら、幸せな気持ちで眠りについていただけたとしたら、これほど嬉しいことはありません。

　つまるところ、ホテルマンの仕事は、お客様と接するあらゆる場面で、いかに感性の高いホスピタリティを提供できるかにあるのだと思います。

　心のサービスは無限大です。場合によっては、一週間後、一カ月後、一年後でも、リッツ・カールトンでの出来事を思い出して、幸せな気持ちを味わっていただけるかもしれません。そんな感動をお客様と一緒につくっていけるかどうか。それが私たちの目指すホスピタリティなのです。

2　コミュニケーションからすべてが始まる

世界中のリッツ・カールトンには、専用の鍵でしか行けない〝クラブフロア〟と呼ばれる特別な階があります。そこにはクラブ・ラウンジがあり、クラブフロアにご宿泊されるお客様のさまざまなニーズや要望にお応えするスタッフが常駐しています。

ラウンジのマネージャーやスタッフの仕事は、このフロアにお泊まりになるお客様のビジネスやパーソナルなご要望に可能な限りお応えすることです。たとえば飛行機の予約をお手伝いしたり、評判のミュージカルのチケットを手配したり、時としてショッピングのアシスタントをすることもあります。

また、お部屋をオフィス代わりに使われる顧客のために、ファックスを送ったり、コピーを取ったり、訪問先の場所の地理を調べたりといった秘書的な役割から、ラウンジでくつろいでいるときにはお声をかけ、一日の疲れを癒してさしあげるような役割まで、じつに幅広くお客様と接しているのです。

マネージャーとスタッフたちはお客様ととても上手なコミュニケーションを取っています。できるだけ安心感の持てる親しさで、かといって礼を欠いたなれなれしさではなく、ほど良い距離感のなかで、信頼関係を築いていきます。

お客様とホテルマンの信頼関係は、コミュニケーションを取ることから始まるといってもいいかもしれません。言葉を交わすことによって、お客様に対する理解が深まります。さらに自分たちの気持ちを直接お客様に伝えることによるり、さらに上のレベルでの信頼関係が築かれていきます。

後ほど詳しく述べますが、リッツ・カールトンでは「紳士淑女」であるお客様にお仕えする私たちも「紳士淑女」であると定義しています。つまり、お客様と同じ目線で、積極的にコミュニケーションを取りましょうという企業文化、風土が根づいているのです。

日本のサービス産業のなかにはまだまだ、お客様は上の存在で、サービススタッフは下から仕えるもの、という認識が強く残っているのを感じます。「こちらからお客様に話しかけたりしては失礼ではないのだろうか」と考えてしまう習慣が残っています。それだけに、自分からすすんでコミュニケーションを取るということが苦手であったり、またそういう教育もあまりなされてこなかったという背景があるようです。

するると、お客様のほうでも敏感に壁を感じて、

「こんなことまで頼んでいいのだろうか」

と遠慮されてしまうのです。それでなくても特別なことをお願いするときのお客様の心理状態というのは、申しわけないとは思うのだけれど頼んでみよう、という思いがあるものです。とりあえず何でも気軽に相談してアイデアを出してもらおうという信頼関係があると、お客様の心理的負担もずいぶんと軽いものになるはずです。


大阪のリッツ・カールトンのクラブフロアに、ある日の夕方アメリカ人のお客様が到着されました。お子様連れのご夫婦で、チェックイン後、早速ラウンジに立ち寄られました。十四時間以上の長旅であり、時差もきつく、相当お疲れのご様子です。

クラブ・マネージャーがお席に案内して、シャンパンやワイン、オードブルがきれいに並べてあるフード・カウンターの説明をしました。

するとお客様は笑いながら、

「シャンパンはとても魅力的だけど、私たちの腹時計はじつはいま午前六時なんだ。息子のジミーもきっと、コーンフレークのことを考えているんじゃないかな」

「ああ、そうでしたか。ではよろしかったら、これからご朝食の用意をいたしましょうか？　どうぞ遠慮なくおっしゃってください」

「ここではもう夜なのに、ほんとうにいいのかね？」

「もちろんですよ」

「それはありがたい。それじゃ、息子はコーンフレークとミルク、それにオレンジジュース。私と家内は目玉焼きにベーコン、それにトーストにトマトジュースを頼むよ。これで疲れが吹っ飛びそうだ。ほんとうにありがとう！」

「いいえ、どういたしまして。では、すぐにご用意いたしますね。コーヒーは先にお持ちいたしましょうか？」


レストランなどでも、ただお料理の注文をお受けして、キッチンからそれをテーブルに運ぶだけではなく、

「今日はどちらかにお出かけですか？」

と話しかけてみるのもいいでしょう。

「じつは○○に観光に行こうと思っているんだけどね。どうやって行くのが一番わかりやすいかな。ご存じですか？」

自然に、こんな会話が生まれてきます。こうしてちょっとした会話を積み重ねることで、お客様と従業員という関係は、ホテルに対しての信頼関係にまで高まっていきます。

リッツ・カールトンでは、さまざまな機会にお客様との関係を築く努力をしています。ホテルの予約をいただく営業はもちろんのこと、ドアマンもベルマンも、ハウスキーパーやレストランのウエイターも、あらゆる部署の従業員がコミュニケーションを積極的に取ることによって、お客様と強い絆《きずな》をつくるように心がけています。

「ここに来ると、古くからの友人の家に遊びにきたような気分になる」

「スタッフと話すのが楽しみでリッツ・カールトンに泊まるんだ」

多くのお客様にそう言っていただけるのも、お客様を〝もうひとつのわが家〟としてのリッツ・カールトンにお迎えするからです。

3 「ノー」と言わない姿勢で対応する

ある日、リッツ・カールトン・ボストンで起きたことです。

ボストンのオペラハウスには、リッツ・カールトンのレストランとタイアップして、オペラの休憩時間にホテルでお食事していただくプログラムがあります。ところがある日のこと、オペラハウス側の手違いで、レストランが休みである日曜日に予定を組んでしまったことがあったのです。

当日、レストランが休みであることを知らないお客様が何組もホテルにやってきました。しかし、シェフは休みでディナーメニュー用の食材もありません。ホテルとしても想定外のトラブルで、事前に何の代替案も用意されていません。

ホテルの姿勢が問われるのはこういうときです。トラブルの原因は、レストランの休みを確認せずにプログラムを組んだオペラハウス側にあります。では、「申しわけありませんが、お食事はご用意できません。これはオペラハウス側の手違いによるものですから、クレームはオペラハウスにお願いします」とお断りしてしまったら、お客様はどんな気持ちになるでしょうか。

頭では事情を理解していただけたとしても、楽しみにしていたディナーを食べられないことに違いはありません。おそらく落胆した気持ちのままオペラハウスに戻り、後半のオペラも楽しめないまま家路につくことでしょう。

私たちはいつもお客様に幸せな気持ちになっていただきたいわけですから、たとえレストランを開けるのが物理的に不可能であっても、たんにお断りするのではなく、他に選択肢を考えるのがプロとしての腕の見せ所なのです。

では、リッツ・カールトンは実際にどんな対応をしたのか。

まずバーのスタッフに連絡して、バーの一画にレストランと同じようなセッティングをつくり、そこへお客様をご案内しました。同時にルームサービスのスタッフに知恵を絞ってもらい、いまある食材でできる最高の料理を作ってもらいました。

オペラの休憩は一時間もありません。事前に準備した代替案もなければ時間もないという切迫した状況のなかで、スタッフが力を合わせて、お客様をお迎えしたのです。

みんながつねにお客様の視点に立ったサービスを心がけていると、自然にアイデアが湧き、それを実現するチームワークが発揮されます。

ちなみにボストンのスタッフは、このときご迷惑をおかけしたお客様から叱られるどころか、逆にお褒めの言葉をいただいたそうです。

「もう無理だと諦《あきら》めかけていたけど、さすがはリッツ・カールトンね」

これは私たちにとって最高の褒め言葉です。お客様に喜んでいただくことで、私たちもまた幸せな気持ちになれるし、成長できるのです。これが仕事の本質ではないでしょうか。

4

お客様に手伝ってもらうのもホスピタリティのひとつ

こんなシーンを想像してください。

小さなお子さんがいる家族連れのお客様が、ルームサービスで朝食をとられました。ルームサービスのウエイターが食事の準備を始めると、お子さんが珍しそうにウエイターを見ています。どうやら皿やグラスを並べる無駄のないプロの動きに興味津々の様子です。

そんなとき、リッツ・カールトンのウエイターなら、お子さんにこう声をかけるかもしれません。

「お嬢ちゃん、良かったらお兄さんのお手伝いをしてくれないかな？」

制服を着た大人から頼まれると、自分も大人になった気分になるのかもしれません。たいていのお子さんは嬉々《きき》として手伝ってくれます。

その様子を見ていたご両親も、

「あら、家ではちっとも手伝ってくれないのに、どうしちゃったのかしら？」

などと言いながら、にこやかにわが子の奮闘振りを見守ってくれます。

ホテルによっては、これはサービスのプロとして失格、という見方もあるでしょう。

しかし、サービスの目的はお客様に快適で楽しい時間を過ごしてもらうことにあります。そのためであれば、お客様をステージに上げてしまってもいいと私は思うのです。

もちろんお子さんが一生懸命やってくれたあとで、さりげなく並べ直して、プロとしての仕上げをする必要があります。

そのウエイターが退室したあと、数分後に、こんどは別のウエイトレスが数種類のジュースをトレイに載せて登場します。

「さっきはお兄さんのお手伝いをしてくれてありがとう。このジュースは、ホテルからお嬢ちゃんへのお礼です」

こういう出来事があったときのご家族の朝食風景からは、笑い声が聞こえてくるような気がしませんか？

このような心配りで、その場の楽しい気持ちを、お客様の旅の大事な思い出にまで高めていくのです。

5 会社都合のシステムからは感動は生まれない

リッツ・カールトンでは、ホテルをもうひとつのわが家として使ってくださる常連のお客様の好みがわかっていたり、その方特有のニーズがあった場合には、本来のルールを超えて対応することがあります。

夜中にチェックインをされたある常連のお客様が、ホテルにご到着される前に新幹線のなかから電話でルームサービスを注文されたことがありました。チェックイン前のご注文はタイミングが読みにくいため、原則的に承《うけたまわ》らないのがルールです。しかし、お客様と信頼関係ができているならば、その限りではありません。リッツ・カールトンでは、お客様がホテルに到着後すぐにルームサービスを召し上がれるように、ルールを超えた部分でサービスを提供するケースもあるのです。

たとえば、ホテルの食事メニューもそのひとつです。

朝食で、ステーキと卵を三つ使ったオムレツを食べたいという男性と、メニユーにない卵三つのスパニッシュオムレツを食べたいという女性のお客様がいたとします。ところが、それぞれのリクエストを聞いていたら厨房《ちゅうぼう》は大変だとばかりに、卵二つのオムレツという標準的なメニューを作って、お客様に押しつけてしまう。これもある意味ではホテル側の都合を優先させたシステムだといえます。

冷蔵庫の中には肉もあるし、スパニッシュオムレツ用の食材もあります。たいていのことは即座に対応できるはずです。それにもかかわらず、

「申しわけございません。朝食はこちらのメニューになっております」

といってルールを守ろうとするのは、ホテル側の都合ではないでしょうか。お客様の特別な注文など、怖くて料理長に伝えられないという内部事情もあるかもしれません。ホテルによっては、

「お客様のわがままをいちいち聞いていたらキリがない」

と平気で言ってしまうマネージャーもいます。

ただ、お客様の好みや感性は一人ひとり違います。それにきちんと対応してこそ、心に染みるサービスを提供できると思うのです。

6 チームワークの良さが最高のサービスをつくる

コミュニケーションが重要なのは、お客様に対してだけではありません。じつは従業員同士のコミュニケーションがサービスにも大きく影響します。

たとえばお客様が、ルームサービスでお食事を召し上がった後、ご自分でカートを廊下に出されたとします。慣れているお客様だとルームサービスに電話をしてカートを下げさせるのですが、連絡がないままカートは廊下に放置されていました。

三十分後、そのお客様が外出しようと部屋を出たら、まだカートが同じ場所に置いてある。これはお客様にとってはあまり気持ちのいいことではありません。料理によっては匂いがしますし、そうでなくても見た目が良くない。お客様からクレームが来てもおかしくないケースです。

ここで、ルームサービスはお客様が食べ終わったのかどうかを知る術《すべ》がなかったのだから仕方ないじゃないか、というのは言い訳に過ぎません。

カートを下げるのはルームサービスの仕事です。しかし、ハウスキーパーはカートが放置されているのを気づかなかったでしょうか。あるいはセキュリティのスタッフが見回っているとき、ベルマンが他のお客様をご案内するときに気づかなかったでしょうか。とにかくカートに気づいたスタッフが、ルームサービスに連絡して下げてもらえばすむ話なのです。

従業員同士、あるいは部署間でのコミュニケーションが取れていれば、きわめて簡単なことです。自分の担当以外のことでも、リッツ・カールトンにはみんなで同じ目的や感性を共有するための仕組みがあります。そのため自分のセクション以外で起きたことでも、ホテル全体の問題としてとらえて行動できるのです。

先日は、こんなことがありました。リッツ・カールトン大阪にお泊まりいただいたあるお客様が芦屋まで用事で出かけて、ようやく片づいたのが夜中の二時。そこからタクシーをつかまえてホテルに戻ろうとしたら、

「リッツ・カールトンの場所がわからない」

と言われて三台のタクシーに断られたそうです。四台目のタクシーをつかま

えたとき、お客様は仕方なく携帯でリッツ・カールトンに電話され、オペレーターから運転手に場所を説明させました。

約一時間後、ホテルに到着されたお客様は玄関で、二人のフロントのスタッフに迎えられました。

「○○様、お帰りなさいませ。無事にお戻りになられて良かったです」


こうした小さな心配りは、従業員が同じ感性を持ってコミュニケーションを取っているからできることなのです。

オペレーターもフロントのスタッフも、タクシーがつかまらずに苦労されたお客様をなるべく温かくお出迎えしたいという気持ちは同じでした。だからこそオペレーターは躊躇《ちゅうちょ》することなくフロントに連絡をし、フロントのスタッフは自ら外に出てお客様を待っていました。従業員が同じ感性を共有していれば、自然とこうした流れができあがります。

7 感謝の気持ちを再認識するネットワーク

リッツ・カールトンのスタッフ同士は、とても風通しの良いコミュニケーション・ネットワークを築き上げています。世界の十一カ所に、私の勤務する日本支社と同じような機能を持つ営業拠点があります。

年に何回かはそこの代表者が集まり、会社の方向性、テーマ、営業、マーケティング、ブランディングといったことに関して、集中的に戦略会議を行います。この営業所の仲間たちとは、じつに様々な案件に関してひんぱんにメールを交換しています。そのほとんどは、もちろん毎日の営業活動に直結したものですが、時にはある状況下での、非常に心に響いた物語や実話が送られてくることもあります。

最近日本でも時々耳にするようになりましたが、アメリカには一年に一度、二週間、セクレタリーズ・ウィーク（秘書週間）というのがあります。その週に、ボスたちは自分の秘書やアシスタントをランチに招待したり、何かプレゼントを贈ったりして日ごろの感謝の気持ちを伝えるという習慣があります。その週が近づくと、ボスたちはそわそわして、今年はどこのレストランを予約しようかとか、アシスタントの好きな食べ物は何だったかな、などと、がぜん情報収集に忙しくなります。そしてそのことをまた結構楽しんでもいるのです。

数年前、セクレタリーズ・ウィークを前にしたある日のこと、アトランタ営業所のデボラからこんなメールが届きました。

＊

「あなたのパラシュートを詰めるのは誰？」

アメリカの海軍兵だったチャールズはジェット・パイロットとしてベトナム戦争に参戦していた。優秀なパイロットだった彼は数々の作戦をこなしたが、七十五回目の出撃で敵の地対空ミサイルに撃墜された。そして墜《お》ちていく中、危機一髪、パラシュートで脱出に成功した。

しかし、敵地のど真ん中であったため、その場で捕まり、投獄されて苦しい六年間を監獄で過ごすことになる。やがて、ベトナム戦争が終結し、チャールズも無事に解放された。そして彼は自分の経験から学んだあることを講演して歩くこととなった。

それはある日のこと。彼が妻と二人でレストランで食事をしていると、別のテーブルにいた男が彼のもとにやってきてこう言った。

「あんたチャールズじゃないか！　空母キティホークからジェット機で出撃して行っただろう。撃墜されたんじゃなかったのか？」

チャールズは驚いて、

「いったい全体あんたは、なぜそんなことを知っているんだ？」

すると男は、

「あの時、おれがあんたのパラシュートを詰めたんだよ」

チャールズは深い驚きと感謝で思わず息をのんだ。

そして男は嬉しそうに言った。

「どうやらちゃんと開いたようだな」

「もちろんだ。もしあの時あんたのパラシュートが開かなかったら、私は今こうしてここにいられるはずがない！」

その夜チャールズは一睡もできなかった。あの男のことが頭から離れなかったのである。

彼は自分に問いかけていた。あの男は空母の上でどんな格好をしていたのだろうか。おそらく、ほかの水兵と同じように白い帽子を被り、背中に四角い背襟を付けて、ベルボトムのズボンを履いて……。

同じ海軍とはいえ、あの男は一水兵で自分は間違いなくエリートパイロットだった。彼とも何度か顔を合わせていたに違いない。しかし、「おはよう」とか、「元気か」と自分から声をかけたことが一度でもあっただろうか。

あるいは彼らの仕事に対して感謝の気持ちを伝えたことが、果たしてあっただろうか。

チャールズは今まで考えることすらなかった、ある光景を思い浮かべていた。何十人という水兵が、船底に近い作業場の長いテーブルに向かって、毎日、何時間も黙々とパラシュートを折りたたみ、丁寧に詰めている姿を。

言葉を交わすことすらないパイロットたちの、しかし間違いなくその運命を左右する仕事を、彼らは黙々とやっていたのだ。

チャールズは言う。人は皆、気づかないうちに、誰かに様々なパラシュートを詰めてもらっている。物理的なパラシュートだけではなく、思いやりのパラシュート、情緒的なパラシュート、そして祈りのパラシュートも……。

チャールズは思い返していた。

落ちていくジェット機の中で、必死の思いでパラシュートを開いたこと、そして投獄されてからの苦しい年月のあいだ、家族のことや友人たちを思うことによって、どれほど自分の心が勇気づけられたのかを。

＊

自分の仲間たちが、忙しさを理由に、感謝する気持ちを忘れてしまうことのないように、それをさりげなく伝えるために、こんなストーリーを送ってくれるのです。

デボラ自身も、いつも周りのスタッフやその家族たちにも「サンキュー！」と言うことを忘れたことがありません。

8 人の成功を手助けした数だけ自分も成功に近づく

リッツ・カールトンが創立してまもなくのころ、アトランタ郊外のバックヘッドで最初のホテルの開業準備を進めていたときのことです。

創立時のメンバーたちは、よく近くのコーヒーショップでランチをとりながらミーティングをしていました。

そこにいつもすてきな笑顔で、てきぱきと仕事をこなしている黒人のウエイトレスがいました。顔見知りになったある日、メンバーのひとり、エドワードが彼女にこう言いました。

「私たちは今度、近くにリッツ・カールトンというホテルを建てるんだけれど、どうだい、コンシェルジュとして一緒に働いてみないか」

彼女はにっこりしながら、

「リッツ・カールトン？　聞いたことないわね。それにコンシェルジュって何をする仕事なの？」

そこでエドワードとメンバーたちは、彼女にリッツ・カールトンの歴史や会社設立にいたった経緯、それに理念や哲学について詳しく話しました。さらにまた世界一のホテル・カンパニーを創り上げるという自分たちの夢について熱く語りました。

もちろんコンシェルジュについて、それがリッツ・カールトンの成功においてどれほど重要であるか、そして彼女がいかにコンシェルジュに向いているかを――。

ホテルが開業したとき、ロビーにはコンシェルジュのユニフォームに身を包んだ彼女の姿がありました。持ち前の明るい性格で、たちまちロビーの人気者になり、お客様からの信頼を得ていきました。

すっかりホテルの仕事が好きになった彼女は、それからも人一倍熱心に働き、五年後にはフロントの責任者になっていました。そして、その翌年には宿泊部門のディレクターに昇進しました。その後は宿泊部門のスペシャリストとして何軒かのリッツ・カールトンの開業にたずさわり、とうとうあるリッツ・カールトンの副総支配人にまでなったのです。

これは決して特別な例というわけではありません。リッツ・カールトンにはこういった話がそのほかにもたくさんあります。

創立時のメンバーたちは、このように多くの才能を見いだして、育てていく努力を怠りませんでした。

リッツ・カールトンという自分たちの夢に、才能ある人材を巻き込み、その才能をはぐくみ、そして個人としての成功に導いていく。それが結果として今度はリッツ・カールトンやひいては自分自身の成功につながっていく。現在も上席副社長として忙しい毎日を送るエドワードは、そのことを見事に実践しているのです。

第2章
感動を生み出す「クレド」とは

1 いかに〝感動〟を提供できるかがプロの仕事

全世界のリッツ・カールトンでは、よくお客様から感謝の言葉や手紙をいただくことがあります。それらのエピソード事例を「ワオ・ストーリー」と呼んで全世界の従業員に紹介しています。ここでそのひとつを披露しましょう。

アメリカ・フロリダ州にあるリッツ・カールトン・ネイプルズでの出来事です。ビーチ係が、砂浜に並んだビーチチェアを片づけていました。そこにひとりの男性のお客様がやってきて、こう告げました。

「今夜、この浜辺で恋人にプロポーズしたいんだ。できれば、ビーチチェアをひとつ残しておいてくれないか」

時間が来たら椅子を片づけるのが彼の仕事でしたが、そのスタッフは「喜んで」と言ってにっこりと笑い、ビーチチェアをひとつだけ残しておきました。

ここまでは、少し気のきいたホテルマンならば誰でもできることです。

ところが、そのスタッフは違いました。彼は椅子のほかにビーチテーブルもひとつ残しておいたのです。そしてテーブルの上に真っ白なテーブルクロスを敷き、お花とシャンパンを飾りました。またプロポーズの際に男性の膝が砂で汚れないように、椅子の前にタオルを畳んで敷いたのです。

さらに彼はレストランの従業員に頼んでタキシードを借り、Tシャツに短パンというういつものユニフォームから手早く着替えました。手には白いクロスをかけ、準備を整えてカップルが来るのを待っていました。

お客様が言葉にされた要望は、ビーチチェアをひとつ残しておくことだけだったにもかかわらず、です。

サービスマニュアルが整いすぎていると、それにとらわれて、こういった臨機応変な対応ができにくくなる場合もあるかもしれません。サービスを超える瞬間というのは、お客様が言葉にされないニーズまでも十二分に満たされたときなのです。

リッツ・カールトンのスタッフは、お客様自身ですら気づかれていない望みとは何なのか、それに対して自分ができる最高のおもてなしとは何なのかをつねに考えています。だからこそこのエピソードのようにお客様の感性に訴えるサービスを提供することができたのです。

これはプロポーズのような人生の一大イベントに限ったことではありません。アメリカ西海岸のラグナニゲールのリッツ・カールトンに、よく車でいらっしゃる仲のよいご夫婦がいます。そのご夫婦が、ある記念日に三泊されたときのことです。お花が好きな奥様の注文で、毎日違うお花をアレンジしてお部屋に飾りました。ここまでは、ホテルの正規のサービスです。

後日、ご主人だけがお仕事で一泊されたとき、スタッフはとくにリクエストされたわけではないのに、前回アレンジしたお花と同じものをお部屋にお届けしました。

「これはホテルからの贈り物です。よろしければ、このお花が大好きな奥様へのプレゼントにお持ちかえりください」

ホテルが自分たちのことを気にかけてくれている。小さなことでも、しかも、前回頼んだお花の種類まできちんと覚えてくれている。お客様の想像を一歩超えることによって、そこに思わぬ感動が生まれるのです。

2 クレドはどのようにして誕生したか

リッツ・カールトンは流行や場所に左右されずに、つねに良質のサービスを提供しつづけようとするために、私たち全員が「クレド」(信条)に基づいて行動しているのです。

クレドはリッツ・カールトンの基本的な信念であり、時代が流れても、あるいは国や地域が違っても、ブレることはありません。クレドの精神が変わらない限り、リッツ・カールトンが提供するサービスもまた不変です。

では、具体的にクレドとはどういうものなのか。その説明をする前に、まずリッツ・カールトンの歴史を簡単にご紹介しておきます。

リッツ・カールトンは、「ホテリエのなかの王」と呼ばれたセザール・リッツが一八九八年にパリに建てたホテル・リッツと、ロンドンのカールトン・ホテルが一緒になってできたホテル・カンパニーです。

その後、セザール・リッツはアメリカに進出し、ニューヨークやボストン、フィラデルフィア、ワシントンなどの大都市にラグジュアリー・ホテルを展開しました。しかし、文化の違いからか、アメリカのマーケットでは支持を得られず、当時もっともヨーロッパ的であったボストンの一軒だけが、その後もデラックスホテルとして営業を続けていました。

それから時は流れて一九八三年。アメリカでは、アトランタの不動産王W・B・ジョンソンが「モナーク・ホテル」の立ち上げを計画していました。合理性を追求するのではなく、お客様一人ひとりを大切にするという理想を掲げ、それに賛同するホテリエたちが集結して新しいホテルを立ち上げようとしていたのです。

モナーク・ホテルを建設している最中、リッツ・カールトン・ボストンが売りに出されるらしいという知らせがW・B・ジョンソンに届きました。そこで彼は急遽《きゅうきょ》ボストンに飛び、リッツ・カールトン・ボストンの所有権や商標権を買い取りました。

こうして誕生したのが、リッツ・カールトンの伝統とモナーク・ホテルの理想を併せ持つ現在の「ザ・リッツ・カールトン・ホテル・カンパニー」です。

さて、会社をスタートさせた一九八四年、W・B・ジョンソンのもとに集まった五人のホテリエたちは、

「リッツ・カールトンはお客様や従業員にとってどんな存在であるべきなのか。そのために私たちは何をすべきなのか」

ということを徹底的に話し合いました。そしてその結果を一枚の紙にまとめあげました。

その内容こそがクレドです。つまりクレドとはリッツ・カールトンの理念や使命、サービス哲学を凝縮した不変の価値観であり、時流や地域性に左右される性質のものではないのです。

よく誤解されるのですが、クレドはマニュアルではありません。マニュアルは従業員の言語や文化的背景、あるいは教育レベルが多様化しているアメリカ社会で発達したもので、いうなれば頭で理解させて守らせるルールです。

一方、クレドは心で納得して実践するものです。同じ感性と価値を共有した人がほんとうに心からクレドに納得していれば、マニュアルのように細かい決まりを定めなくても、自然に同じ振る舞いができるというのがクレドの基本的な考え方です。

THE RITZ-CARLTON®

クレド

リッツ・カールトン・ホテルは
お客様への心のこもったおもてなしと
快適さを提供することを
もっとも大切な使命とこころえています。

私たちは、お客様に心あたたまる、くつろいだ
そして洗練された雰囲気を
常にお楽しみいただくために
最高のパーソナル・サービスと施設を
提供することをお約束します。

リッツ・カールトンでお客様が経験されるもの、
それは、感覚を満たすここちよさ、
満ち足りた幸福感
そしてお客様が言葉にされない
願望やニーズをも先読みしておこたえする
サービスの心です。

従業員への約束

リッツ・カールトンでは
お客様へお約束したサービスを
提供する上で、紳士・淑女こそが
もっとも大切な資源です。

信頼、誠実、尊敬、高潔、決意を
原則とし、私たちは、個人と会社の
ためになるよう、持てる才能を育成し、
最大限に伸ばします。

多様性を尊重し、充実した生活を深め、
個人のこころざしを実現し、
リッツ・カールトン・ミスティーク
（神秘性）を高める…
リッツ・カールトンは、このような
職場環境をはぐくみます。

サービスの3ステップ

1
あたたかい、心からのごあいさつを。
お客様をお名前でお呼びするよう
心がけます。

2
お客様のニーズを先読みし
おこたえします。

3
感じのよいお見送りを。
さようならのごあいさつは心をこめて。
できるだけお客様のお名前をそえるよう
心がけます。

リッツ・カールトンの初代社長であり、クレドをつくった創立メンバーの中心人物であったホルスト・シュルツィは、講演会でリッツ・カールトンの成功の秘密をよく聞かれたそうです。

すると彼は、懐からクレドを取り出して、必ずこう答えたといいます。

「秘密はこれしかない。このクレドカードがすべてだよ」

3 すべてのシーンに通じるクレドの精神

リッツ・カールトンの従業員は、クレドと呼ばれる四つ折の小さなラミネートカードをつねに携帯しています。

カードの表面には「クレド」「エンプロイー・プロミス（従業員への約束）」「モットー」「サービスの3ステップ」、裏面には「ザ・リッツ・カールトン・ベーシック」といわれるリッツ・カールトンスタッフのための行動指針が記されています。私たちはこれらを総称して「ゴールド・スタンダード」と呼んでいます。

さっそく「クレド」の全文を改めて引用しましょう。

「リッツ・カールトン・ホテルはお客様への心のこもったおもてなしと快適さを提供することをもっとも大切な使命とこころえています。

私たちは、お客様に心あたたまる、くつろいだそして洗練された雰囲気を常にお楽しみいただくために最高のパーソナル・サービスと施設を提供することをお約束します。

リッツ・カールトンでお客様が経験されるもの、それは、感覚を満たすここちよさ、満ち足りた幸福感そしてお客様が言葉にされない願望やニーズをも先読みしておこたえするサービスの心です」

リッツ・カールトンと書かれた部分を、他ブランドである高級車や宝石店の名を入れたとしても、おそらくほとんど違和感がないはずです。

その意味では、クレドはどんな業態にでも通用するサービスの基本理念を示したものといえるでしょう。

さらにリッツ・カールトンの部分を自分の名前に置き換えても、友人を家に招いたシーンを思い浮かべれば十分に意味は通じるはず。つまりクレドは、ビジネスの枠を超えて、人が人と接するときに大切にしたいホスピタリティ（おもてなし）の精神を示したものだともいえるのです。

このようにクレドには、誰にとっても大切なホスピタリティの普遍的な価値が盛り込まれています。

クレドは誰にでもわかる平易な言葉で書かれています。しかし、クレドを心から納得して実践するには、一語一句を読み解いて突き詰めていく作業が必要不可欠です。

「心のこもったおもてなし」

とは、いったい、どんなことを意味するのでしょうか。

ここでサービスとホスピタリティの違いについて考えてみます。この二つのあいだには、じつは〝六インチ〟の差があるのです。

私にそれを教えてくれたのは、リッツ・カールトン・ニューヨークのバーテンダー、ノーマンのおもてなしでした。

彼のスタイルはとてもユニークでフレンドリー。カクテルやロング・ドリンクを作り終えると、

「どうだい、スティーブ、あんたのために最高のマティーニを作ったぜ！」

「ジェーン、見てごらん、このアレクサンダーの出来を……」

などと言いながら、お客様の前にグラスを置きます。

そしてノーマンはそのドリンクをさらに六インチ、お客様のほうに、すうっ

とずらして進めながら、満面の笑みを浮かべて一言、

「エンジョイ！」

と声をかけるのです。

この一連の動作と絶妙なタイミングで、お客様はみんな、彼のファンになってしまう。まさにノーマン・マジックです。

あまりにも見事なので、あるパーティの席で、私はなぜ六インチ、お客様のほうにグラスを進めるのかをノーマンに聞いてみました。

「自分はゲストを心から大切に思っている。ドリンクを六インチ進めるのはゲストの心に触れるプロセスなんだ。そうやって自分のＬＯＶＥ（愛情）をゲストのハートに送り込むのさ」


まさにサービスを超えて、ホスピタリティに昇華する瞬間です。

ここで大切なのは、「心のこもったおもてなし」という言葉について真剣に考え、実践することです。

ノーマンの場合は、それがグラスを六インチ、お客様のほうへ動かすことでお客様に自分の心を伝える。その気持ちが彼独自のスタイルを生み出し、サー

ビスを心のこもったおもてなしへと変えていったのです。

このように「心のこもったおもてなし」という一語をとって考えてみても、クレドには、じつに奥が深い意味があるのです。

4 会社が従業員に約束してくれること

リッツ・カールトンのゴールド・スタンダードの中でも特にユニークなのが、従業員への約束（エンプロイー・プロミス）という項目です。

リッツ・カールトンではお客様へお約束したサービスを提供する上で、紳士・淑女こそがもっとも大切な資源です。

信頼、誠実、尊敬、高潔、決意を原則とし、私たちは、個人と会社のためになるよう、持てる才能を育成し、最大限に伸ばします。

多様性を尊重し、充実した生活を深め、個人のこころざしを実現し、リッツ・カールトン・ミスティーク（神秘性）を高める……リッツ・カールトンは、このような職場環境をはぐくみます。

従業員への約束は、いわば従業員に対する会社側からの宣誓書です。会社は従業員を紳士淑女として尊重し、才能を伸ばすために最大限の教育の機会を用意すること。そして個人個人の夢を実現するお手伝いをすること。さらに充実した生活が実感できる職場環境を整えていくこと。これらのことを従業員に対して約束してくれているのです。

そこにはまた、理想的なリーダーシップの姿について考えさせるヒントがたくさんあります。さらに、加速度的にグローバル化が進むなか、多様性とはどういうことなのか、それを受け入れる環境とはどういうことか、といった多くのことについて考える機会を与えてくれます。

従業員を、現場での作業を完璧にこなす『人材』としてみるのではなく、企業にとって最も大切な財産、プロフェッショナルである『人財』と明確に捉《とら》えているのです。当然そこには、従業員としての強い責任感が求められ、プロとしての義務も生じます。そこで初めて企業側と従業員との間に、本当の意味でのパートナー関係ができ上がります。

ところが、いまだに多くの会社では、この関係が逆になっています。

「私たちはこの規則に従います。会社に対して○○はいたしません」

というように、従業員が会社に対して約束をさせられるだけというのが一般的だと思います。

　会社が約束してくれるのか、それとも従業員が約束させられるのか。この二つの考え方で大きく違うのは、会社と従業員の信頼関係の強さでしょう。私がリッツ・カールトンに入社して強く意識するようになったのは、やはり仕事への責任感と充足感でした。

　会社が私たちを信頼してくれているのだから、その信頼にぜひ応えたい。そんな気持ちに自然となっていったのです。

「リッツ・カールトンのスタッフはみんな楽しそうに仕事をしているね」

　お客様からそう指摘されるのは、自分から創造的に仕事を行うことで得られる誇りや喜びが大きく違うからなのです。これもすべて、会社が全社員に大きな信頼を寄せ、我々も会社を信じて日々の仕事にまい進しているからこそ得られる評価だと思うのです。

5

「紳士淑女にお仕えする我々も紳士淑女です」

クレドカードを開くと、私たちが「モットー」と呼んでいる次の一文が、ひときわ大きな文字で書かれています。

“We Are Ladies and Gentlemen
Serving Ladies and Gentlemen”
（紳士淑女にお仕えする我々も紳士淑女です）

この一文は、従業員はお客様と同じく紳士淑女であり、同じ目線、同じ感性で働くべきだという意味です。

これまでホテルの従業員はお客様より一段へりくだってサービスするのが当然になっていました。従業員はあくまでサーバント（給仕する人）であり、お客様が上、従業員は下という不動の関係のもとにサービスが行われていました。

しかし、それではお客様とのコミュニケーションが取れず、人間対人間の信頼関係を築くことは難しくなります。心が通ったサービスをするには、お客様と従業員が同じ目線を持って尊敬しあうことが必要不可欠なのです。

また、精神面においても召使いのように受動的に働くだけでは、仕事に対しての誇りも喜びも感じられないでしょう。ひとりの人間として認められてこそ、生き生きとして働くことができるのです。

さらに、このモットーが示しているのは、従業員も紳士淑女としての堂々とした立ち振る舞いや豊かな感性を身につける必要があるということです。紳士淑女に求められるものは、じつは従業員としての職務よりも重いのです。

さらには、立ち振る舞いや教養だけでなく、精神的な部分でも成熟した人格者となる努力も必要です。

カリフォルニア州のザ・リッツ・カールトン・ラグナニゲールに、あるお客様がゴルフを楽しんだあと、ホテルに到着されました。ところが、そこで携帯電話やカード、薬といった大切なものが入った荷物がないことに気づきました。どうやらゴルフ場で盗まれたらしいのです。

ゲスト・リレーションズ・マネージャーのメアリーは、チェックインもしないまま呆然《ぼうぜん》としているお客様に気づいて、声をかけました。事情を聞いたメアリーは、警察に連絡して盗難届を出し、携帯電話を解約し、銀行に電話してカードをストップさせました。

それから自分の持ち場を離れて車にお客様を乗せ、薬局に行って必要な薬をすべて買い揃えました。

それでも盗難にあったお客様の気分はそう簡単に晴れません。そこでメアリーはルームサービスに連絡し、ホテルからのささやかな気持ちとして軽食とワインをお客様のお部屋に届けたそうです。

後日、メアリーのもとにお客様から手紙が届きました。そこにはこう書かれていました。

「あのとき私たちは本当に途方にくれていました。あなたが手を差し伸べてくれたことが、どれほど救いになったかわかりません。私たちをなぐさめながら落ち着いて、しかもテキパキといろいろ手配してくれるのをみて、心が勇気づけられました。盗難という苦い経験を、あなたが心いやされる思い出にしてくれた。本当にありがとう」

紳士淑女であることは、非常に重い責任を伴います。それは召使いとして働くことの比ではありません。

リッツ・カールトンのスタッフは、

「紳士淑女にお仕えする我々も紳士淑女です」

という言葉をよく理解したうえで誇りを持って働くべきである。モットーには、そんな深い意味が込められているのです。

6 顔が見えなくても笑顔で電話を取る

米国ユタ州のソルトレイクシティにあるリッツ・カールトン予約センターには、毎日たくさんのお客様から宿泊予約やお問い合わせの電話がかかってきます。電話を受けるオペレーターは目の前のパソコンを操作しながらお客様に応対するのですが、そのパソコンの脇には小さな鏡が置かれています。

この鏡は、オペレーターが自分で笑顔をチェックするためのものです。

顔が見えないのだから、笑顔をつくっても仕方ないという意見もあるでしょう。しかし、オペレーターの表情が暗かったり、疲れていて元気がないと、それが微妙に声の調子に表れてお客様に伝わってしまうものなのです。

お客様によっては、オペレーターとの会話が最初のホテルとの接点になるケースもあります。そのとき、たとえ顔が見えなくても、まさに目の前にお客様がいるときと同じような笑顔で応対することが大切なのです。

ちょっとした言葉の使い方、声の張り、目線の動き、歩くときの姿勢、制服の着方、肌のつや……。お客様は五感すべてを使ってこれらを無意識のうちに感じ取ります。

それに対して、リッツ・カールトンのスタッフはきちんとプロフェッショナルなイメージを表す責任があります。身だしなみに気をつけるのは当然ですし、お客様の目を見て心からのあいさつをすることも欠かせません。お客様に心地良く感じてもらいたい、自分を通してリッツ・カールトンの良さを伝えたいと思えば、自然にそうした行動を取るはずです。

じつはこれらの心構えは、「ゴールド・スタンダード」のなかの「サービスの3ステップ」（48ページ）や「ザ・リッツ・カールトン・ベーシック」（72ページ）に細かく書かれています。

クレドとモットーがリッツ・カールトンの理念だとしたら、この二つはいわば従業員の行動指針です。

読んでいただければわかると思いますが、書いてあるのは基本的なことです。たとえばサービスの3ステップは、次のように書かれています。
1、あたたかい、心からのごあいさつを。お客様をお名前でお呼びするよう心がけます。

2、お客様のニーズを先読みしおこたえします。

3、感じのよいお見送りを。さようならのごあいさつは心をこめて。できるだけお客様のお名前をそえるよう心がけます。

実際、ほとんどのホテルでも実践されていることでしょうし、ホテルマンであればみな、心がけていることです。

ところが忙しくて気持ちに余裕がないときには、この3ステップをつい忘れてしまう人も多いのではないでしょうか。当然のことをわざわざ明文化しているのは、いつでもそれを読んで基本に立ち返るためです。

一方、ザ・リッツ・カールトン・ベーシックは一番から二十番まで、全部で二十項目あります。こちらも毎日の仕事をするうえでの基本的なことが書かれています。

7　クレドは心から納得するまで繰り返し考える

「一般的な社訓と『クレド』はどこが違うのか？」

講演会などでクレドの話をすると、よくこのような質問をされます。

私は仕事柄さまざまな経営者の方とおつき合いさせていただいていますが、お話を伺うと、たしかにクレドに負けない素晴らしい社訓を持っている会社は数多くあります。それらの社訓とクレドに書かれている内容を比べても、それほど大きな違いはありません。

では、クレドと一般的な社訓は、どこが違うのか？

おそらくそれは従業員への浸透度だと思います。立派な社訓を持っている会社でも、額に入れて飾ってあったり、入社式などの特別なイベントのときだけに読み上げるくらいで、従業員が普段から社訓を読む機会をつくっていないところが意外に多いと聞きます。

社訓は、従業員が自分のものとして受け止めて日々の業務に活かしてこそ価値があるのだと思うのです。

一方、クレドは従業員が本当に心から納得できるまで、何十回でも何百回でも繰り返して読みます。ただクレドを知っている、頭で理解しているというレベルではなく、心から納得できるまで何度でもです。

アメリカで、あるリッツ・カールトンの開業準備していたとき、私たちはパートナー企業の取締役やご担当者の方と何度もミーティングを重ねました。

会議には、当時の社長であるシュルツィを筆頭に本社からも大勢の人が参加しました。そこでシュルツィは、まず自分で「ゴールド・スタンダード」を読み上げ、続いて先方の役員の方々にも読んでもらいました。読み終わると、彼は先方の取締役にこう質問しました。

「このクレドはあなたにとってどういう意味がありますか？」

取締役が自分なりの解釈で答えると、

「あなたはまだ十分にクレドを理解していない。もう一度私が説明します！」

シュルツィはそう言って、ふたたび最初からゴールド・スタンダードの全文を読み上げていったのです。説明を加えながらクレドを読み上げていくと、ざっと四十分はかかります。それを二度も繰り返すので、会議がちっとも先に進みません。結局、その日はクレドの研修に終始しました。

普通ならクレドについての講義は最初の一回で終わりかもしれませんが、彼は会議のたびにこれを繰り返したのです。さすがに四回目の会議のあと、相手の取締役の方が私にそっと耳打ちしました。

「ミスター・タカノ、悪いんだけどね。クレドの講義、ショートカットできないかな？」

「すみません。クレドはシュルツィがもっとも大切にしている部分です。私もそう思いますし、うちのスタッフはみんな、この何倍も読んでいますから」

取締役の気持ちはわかります。クレドの中身は頭にしっかり入っているのに、なぜ何度もクレドを読まされるのか。私もシュルツィに出会う前だったら、きっと同じような疑問を抱いていたでしょう。

しかし、シュルツィにとっての最上位のプライオリティ（優先順位）は、「クレドを自分と同じレベルで共有できるかどうか」

という点です。たとえ実務レベルでどんなに話が進んだとしても、クレドが理解されなければホテルを開業してはいけない。シュルツィはきっとそこまで考えていたのでしょう。

8 クレドを自分のものにする

一時、アメリカのホテル業界でクレドがちょっとしたブームになった時期があります。ことあるごとに、リッツ・カールトンの創立メンバーたちがクレドと企業哲学を語っていたためだと思いますが、多くのホテル・カンパニーがリッツ・カールトンのクレドを模倣したカードを作り、従業員に配っていたのです。

ところが、しばらくするとブームは下火になりました。

結局、リッツ・カールトン以外ではクレドがうまく機能しなかったということだと思います。逆説的ですが、そこにクレドのもつ本当の意味を見出すことができます。

まず他社でクレドが受け入れられなかった原因は3つ考えられます。

まず一番の原因は、クレドのもつ意味を深いところで理解していなかったのではないかということです。いまでも時々耳にする「クレドは最強のマニュアルですね」というコメントにそれが象徴されています。リッツ・カールトンではクレドはマニュアルであるという捉《とら》え方は決してしません。マニュアルというのは毎日の企業活動の中で、たとえば危機管理、衛生管理、効率化など、誰が携わっても一定の結果を実現させるうえで不可欠な指南書であり、また物差しであると言えます。それに対して、クレドは「感性の羅針盤」のようなものです。現場で問題に直面したときや、お客様のさまざまなライフステージに立ち会うときなどに、その従業員の行動指針がクレドカードを読み解くことによって示されるのです。さらにその感性を全従業員が共有することで、ぶれない方向性が保たれます。

たとえば客室の清掃という作業。誰が行っても同じ清潔さが保たれなくてはいけない。そのためにシーツの取替え、カーペットの清掃、バスルームの清掃などを効率よく進める手順が書かれたマニュアルが必要となります。そのうえで、今度は、顧客の好みに合わせて電球のワット数を替えたり、机とソファの位置をずらしたりと、マニュアルを超えた感性のおもてなしができるのです。

二番目としては、クレドの精神を社員に浸透させるための仕組み作りがなされていなかったことがあげられるでしょう。

「自社のクレドを作りました。大切に机の引き出しにしまってあります」というのでは、自分のものにはなってきません。

毎日のラインナップ（朝礼）では、全世界の三万人近い従業員が、同じリッツ・カールトン・ベーシックについて考える時間がとられます。それを何十年もコツコツと続けることで、継続を力としていく仕組みが生まれます。

また、クレドは普段から物理的に触れ続けることで、自分の生活の一部になってきます。常に肌身離さず携帯しているのには理由があるのです。

そしてクレドが普及しなかった三番目の理由としては、他社のクレドが単なる上からの押しつけになっていたことが考えられます。

じつはゴールド・スタンダートは、必要に応じて若干の変更が加えられています。最初から不変なのは、モットーとクレドの本文だけです。エンプロイー・プロミス、サービスの3ステップはあとから追加されたものですし、ザ・リッツ・カールトン・ベーシックは表現を変えたり、新たに項目を追加したりするなどして書き換えられています。

変更や追加を最終的に決定するのは本社のスタッフですが、きっかけを作ったのは現場で働くスタッフです。

ラインナップのときや社内会議の場で、意識の高いスタッフは、ゴールド・スタンダードをさらに進化させるためにさまざまな意見を出していきます。

「若いお客様が増えたのだから、市場の変化に合わせて表現を変えるべきだ」

「現場によってセキュリティの意識にズレがある。きちんと明文化したほうが良いのではないか」

こうした声は本社に吸い上げられて、誰の提案でもきちんと記録され評価されます。この現場の従業員の意見を認知するという仕組みが実はとても大事なのです。

この仕組みがあるので、従業員は「ゴールド・スタンダードはお仕着せのものではなく、自分たちが作り実践するものだ」という意識を強く持っているのです。

リッツ・カールトンのクレドには、創立時に設計されたＤＮＡがすべて網羅されています。そしてクレドを従業員ひとり一人のものとして浸透させていく地道なプロセスができあがって、はじめて機能しているのです。

ザ・リッツ・カールトン・ベーシック

1. クレドは、リッツ・カールトンの基本的な信念です。全員がこれを理解し、自分のものとして受けとめ、常に活力を与えます。
2. 私たちのモットーは、「We are Ladies and Gentlemen Serving Ladies and Gentlemen」です。私たちはサービスのプロフェッショナルとして、お客様や従業員を尊敬し、品位を持って接します。
3. サービスの3ステップは、リッツ・カールトンのおもてなしの基盤です。お客様と接するたびに、必ず3ステップを実践し、お客様に満足していただき、常にご利用いただき、ロイヤルティを高めましょう。
4. 「従業員への約束」は、リッツ・カールトンの職場環境の基盤です。すべての従業員がこれを尊重します。
5. すべての従業員は、自分のポジションに対するトレーニング修了認定を受け、毎年、再認定を受けます。

6. カンパニーの目標は、すべての従業員に伝えられます。これをサポートするのは、従業員一人一人の役目です。
7. 誇りと喜びに満ちた職場を作るために、すべての従業員は、自分が関係する仕事のプランニングにかかわる権利があります。
8. ホテル内に問題点（MR.BIV）がないか、従業員一人一人が、いつもすみずみまで注意を払いましょう。
9. お客様や従業員同士のニーズを満たすよう、従業員一人一人には、チームワークとラテラル・サービスを実践する職場環境を築く役目があります。
10. 従業員一人一人には、自分で判断し行動する力が与えられています（エンパワーメント）。お客様の特別な問題やニーズへの対応に自分の通常業務を離れなければならない場合には、必ずそれを受けとめ、解決します。
11. 妥協のない清潔さを保つのは、従業員一人一人の役目です。
12. 最高のパーソナル・サービスを提供するため、従業員には、お客様それぞれのお好みを見つけ、それを記録する役目があります。

13. お客様を一人として失ってはいけません。すぐにその場でお客様の気持ちを解きほぐすのは、従業員一人一人の役目です。苦情を受けた人は、それを自分のものとして受けとめ、お客様が満足されるよう解決し、そして記録します。

14. 「いつも笑顔で。私たちはステージの上にいるのですから。」いつも積極的にお客様の目を見て応対しましょう。お客様にも、従業員同士でも、必ずきちんとした言葉づかいを守ります。(「おはようございます。」「かしこまりました。」「ありがとうございます。」など)

15. 職場にいる時も出た時も、ホテルの大使であるという意識を持ちましょう。いつも肯定的な話し方をするよう、心がけます。何か気になることがあれば、それを解決できる人に伝えましょう。

16. お客様にホテル内の場所をご案内する時には、ただ指さすのではなく、その場所までお客様をエスコートします。

17. リッツ・カールトンの電話応対エチケットを守りましょう。呼出音3回以内に、「笑顔で」電話を取ります。お客様のお名前をできるだけお呼びしましょう。保留にする場合は、「少しお待ちいただいてよろしいでしょうか?」とおたずねしてからにします。電話の相手の名前をたずねて、接し方を変えてはいけません。電話の転送はなるべく避けましょう。また、ボイスメイルのスタンダードを守りましょう。
18. 自分の身だしなみには誇りを持ち、細心の注意を払います。従業員一人一人には、リッツ・カールトンの身だしなみ基準に従い、プロフェッショナルなイメージを表す役目があります。
19. 安全を第一に考えます。従業員一人一人には、すべてのお客様と従業員に対し、安全で、事故のない職場を作る役目があります。避難・救助方法や非常時の対応すべてを認識します。セキュリティに関するあらゆる危険な状況は、ただちに連絡します。
20. リッツ・カールトン・ホテルの資産を守るのは、従業員一人一人の役目です。エネルギーを節約し、ホテルを良い状態に維持し、環境保全につとめます。

第3章
リッツ・カールトンを支える七つの仕事の基本

1

PRIDE&JOY
誇りと喜びを持てば意欲が湧く

前にも書きましたが、リッツ・カールトンでは、従業員とお客様の心温まる話を、「ストーリー・オブ・エクセレンス（別名　ワオ・ストーリー）」と呼んで、週に二回、ラインナップ（朝礼）のなかで全従業員に紹介しています。この本でご紹介したミスティークの実例も、リッツ・カールトンのスタッフなら誰でも知っている話ばかりです。

全従業員に向けてストーリーを配信するのには、二つの理由があります。ひとつは教育のため。ワオ・ストーリーに出てくるシチュエーションに遭遇したら自分はどうするのか。それを自分自身に問いかけて、お客様に感動を与えることについて考えてもらうのです。

そしてもうひとつの理由が従業員に「プライド&ジョイ」（誇りと喜び）を感じて仕事をしてもらうためです。

そもそも人は何のために働くのでしょうか。お金や生活のためでしょうか。実際、働かなければ食べていけないのですから、これは至極真っ当な答えだといえます。しかし、「人はパンのみにて生きるにあらず」という『新約聖書』の有名な言葉があるように、人はお金や生活のためだけに働いているわけではありません。誰でも、

「人から認められる働きをしたい。家族や友達に胸を張って自慢できるような仕事をしたい」

という気持ちを持っており、その誇りを満たすために頑張って仕事に取り組んでいるのです。

また、喜びも仕事をするうえで大きな原動力になります。自分の仕事に対してお客様が笑顔で「ありがとう」と言ってくれた。お客様を驚かせるためにアイデアを出したら、みんなが褒めてくれて協力してくれた。こうした瞬間に込み上げてくる喜びは何物にも代えがたく、またその喜びを味わうために努力を重ねます。

人が自分の能力をもっとも発揮するのは、この「誇りと喜び」が一緒になって相乗効果を生んだときではないでしょうか。

ストーリーを毎週発表するのも、従業員に「プライド&ジョイ」を感じてもらうためです。ストーリーを生み出した本人が誇りと喜びを感じるのはもちろんですが、仲間が称《たた》えられるのは同僚としても誇らしいし、自分たちが褒められているような気がして嬉《うれ》しくなるものです。また、それが刺激になって、いつか自分もストーリーに取り上げられるような感動的なサービスを提供しようという気持ちにもなります。

毎週のストーリーだけではありません。たとえばお客様がチェックアウトするときにフロントで、

「そういえば、今回はハウスキーパーのメアリーにはいろいろ無理を聞いてもらったんだ。ありがとうと伝えておいてください」

とおっしゃったとします。普通なら口頭で本人に伝えるところですが、リッツ・カールトンではなるべく紙に書いていただくようにしています。

「お客様、もしよろしければこの紙に一言いただけませんか。メアリーもきっと喜ぶと思います」

と言うと、ほとんどのお客様は快く書いてくださいます。あとで本人がメモを受け取ったときに感じる喜びは、口頭で伝え聞いたとき以上のものがあるは

ずです。

また、このようなメモを本人に手渡す際は、フロントのスタッフが「ファーストクラス・カード」というものをつけて渡します。このカードをもらうことで、同僚からも賞賛されていることがわかります（131ページ参照）。これも「プライド&ジョイ」を生み出す仕組みのひとつだといえるでしょう。

そして次のステップとして、「エンプロイー・オブ・ザ・マンス」（月間最優秀従業員賞）があります。これは業務実績や勤務態度に加えて、ファーストクラス・カードの数、お客様からもらった感謝状の数、ワオ・ストーリーを生み出した実績などを総合的に判断して選考される賞です。

ノミネートされるのは、各ホテルの各セクションから一～二人。ノミネートされるとヒューマン・リソースに記録されて、給与査定や異動の面でも有利に働きます。さらに年間賞に輝くと、三百ドルの賞金や宿泊券もプレゼントされます。

従業員にとって何より励みになるのは、お金や待遇よりも、リッツ・カールトンの全従業員のなかから選ばれたという誇りと喜びです。私たちはみな、この「プライド&ジョイ」の実践を目指して日々努力を重ねているのです。

2

Don't think. Feel 考える前に、お客様の温度を感じなさい

大阪の開業前、リッツ・カールトンの創立者であるシュルツィが何度も来日し、そのたびに日本有数のホテルを選んで宿泊していました。ある日のこと、打ち合わせを兼ねて宿泊しているホテルに訪ねていくと、彼はロビーで私にこう尋ねました。

「タカノ、このホテルをどう思う？」

私は宿泊していないので、ロビーを観察して答えるしかありません。

「ロビーの造りは効率的にできていますね。ドアマンの対応も良かったですし、さすがに評価されているホテルではないでしょうか」

あたりさわりのない答えを伝えると、シュルツィは首を横に振って私をロビーの真ん中まで引っ張っていきました。そして目をつぶらせてこう言うのです。

「そうじゃない。ドント・シンク、フィール（考えるな、感じなさい）だよ」

最初は面食らいました。感じろと言われても、目を閉じてしまったので何も

見えません。聞こえるのは、ロビーで人が話すささやき声ぐらいです。

「どうだ、このホテルの温度を感じるか？」

そこで私は、はっと気がつきました。シュルツィはいつも温度に気を配れと言いました。もちろん温度は気温や室温のことではありません。従業員が醸し出す温かみ、お客様が心からリラックスできる雰囲気、人と人が触れ合うことによって生まれる活気。シュルツィは、それらをひっくるめてホテルの温度と呼ぶのです。いいホテルは、ほど良い温かさを持っています。これは理詰めで考えてもわからない。五感を使って感じるしかありません。

おそらく誰でもこのことは経験的にわかっているでしょう。レストランに入って料理を注文する前なのに、なんとなく味が想像できてしまう。はじめて会う営業マンでまだあいさつを交わしただけなのに、信頼できる人物かどうかが直感的にわかってしまう。このように私たちは知らず知らずのうちに人や店が発するメッセージを温度として感じとっているのです。

温度を感じとるのは、サービスを受ける側だけではありません。むしろ五感をフルに使って温度を感じとらなくてはいけないのは、サービスを提供する側です。いま、お客様はどんな気分でいるのか。どんな願望やニーズを持っているのか。これらは理屈で推測できることもありますが、本来は感覚的に読み取るべきものなのです。

たとえば疲れた表情をされてホテルに戻ってきたお客様がいたとします。その疲れ方は、スポーツをしたあとのような心地良さかもしれないし、トラブルに遭遇して文字通り精も根も尽き果てた疲労感なのかもしれません。あるいは、このあとは誰にも邪魔されず静かに眠りたいのかもしれないし、誰かと会話して気分転換したいのかもしれません。

これらの疑問はお客様と直接、コミュニケーションを取れば解消するはずですが、お客様が必ずしもいまの気分やニーズを教えてくれるとは限りません。結局は頭で考えるだけでなく、お客様の表情や口調、立ち振る舞いなどから全体の温度を感じとって判断するしかない。頼りになるのは、やはり、「ドント・シンク、フィール」なのです。

「クレド」に明記されているように、それは「感性を高めること」におおいに通じることなのです。

3 Let's have fun! 仕事を楽しめば自分の感性が発揮できる

リッツ・カールトンで、お客様をお迎えするときの合言葉になっているのが「レッツ・ハブ・ファン」（楽しもう）です。これは、「お客様に喜んでいただくことと同時に自分たちも楽しもう」という精神で、私たちのモチベーションを高める大切な考え方のひとつになっています。

リッツ・カールトンでは、「クレド」の理念にそってお客様に対してさまざまなサービスを提供していきます。エンパワーメント（権限委譲）で与えられた二千ドルの決裁権も活かされるし、他のスタッフと協力してミスティークを演出してもいい。

そういう意味で、お客様へのサービスは自分の感性と想像力を存分に発揮できる絶好のチャンスです。「レッツ・ハブ・ファン」は、そのチャンスを積極的に活かして楽しもうよという合言葉なのです。

昨年、リッツ・カールトン・ニューヨーク・セントラルパークで起きたエピソードをご紹介しましょう。スタッフが心から仕事を楽しんでいる様子が伝わるのではないでしょうか。

ある日のこと、男性のお客様からゲスト・リレーションズ（コンシェルジュ）に相談の電話がありました。
「じつは今度、ガールフレンドにプロポーズするつもりなんです。セントラルパークに『アンドレア、僕と結婚してくれますか？』という文字看板を掲げて、窓から彼女に見せたいんだけど、協力してもらえませんか？」

プロポーズのお手伝いともなれば責任は重大です。普通なら尻込みしてしまうところかもしれませんが、リッツ・カールトンのスタッフはこれを自分の感性を発揮するチャンスだととらえて逆に張り切ります。ゲスト・リレーションズはすぐさま各セクションに連絡をして、みんなからアイデアを募りました。

当日の早朝、ゲスト・リレーションズのスタッフは望遠鏡を持ってお客様がご予約されたお部屋に向かいました。同時に他のスタッフに文字看板を持ってセントラルパークに向かわせ、プロポーズの言葉がよく見えるようにピントを合わせて望遠鏡をセットしました。これで準備は万全です。

お二人が到着すると、ゲスト・リレーションズのスタッフはお客様をお部屋にエスコートしながら、公園で待機中のスタッフに看板を掲げるよう無線で指示しました。ガールフレンドに計画がばれてはいけないので、こっそりとです。

部屋に入ると、テーブルの上には雰囲気を盛り上げるシャンパンとデザート。窓際には、なぜか空ではなく下を向いた望遠鏡です。ここから先はお二人の世界。いうまでもないかもしれませんが、プロポーズは見事に成功したそうです。


お客様に頼まれたのはここまでですが、このあとも物語は続きます。ゲスト・リレーションズのスタッフたちは、祝福の意味を込めて、お二人がレストランでディナーを楽しんでいるあいだにお部屋を百本のバラで飾りました。またハウスキーパーは、ターンダウン（就寝前にベッドを整えるサービス）をして枕元にバラの花びらを散らしておきました。さらにお帰りの際にはバラをポプリにしてプレゼントしました。

この一連のシナリオを実践しているときの気持ちが、まさに「レッツ・ハブ・ファン」だと思います。子どものころ、学芸会で発表する劇をみんなでつくり上げていくような気持ちとでもいえばわかりやすいでしょうか。舞台監督、大道具、小道具と、スタッフの役割はそれぞれ違いますが、みんなが積極的にアイデアを出して実行する。そのプロセス自体が楽しくて仕方ないのです。

仕事を楽しもうという気持ちは、このエピソードのような特別なときだけに発揮されるわけではありません。スタッフは普段からお客様と一緒に自分も楽しむ機会を探していますし、従業員同士でもお互いが楽しくなるようなアイデアをつねに考えています。「レッツ・ハブ・ファン」は、リッツ・カールトンの文化としてスタッフの心に根づいている精神なのです。

この精神は、あらゆる仕事で発揮できると思います。たとえば営業でお客様に企画を提案するときも、やり方しだいではワクワクできる楽しい仕事になります。

サンフランシスコでワイナリーのコンベンションがあったとき、私たちはレセプションパーティの仕事を取るため、ワインアソシエーションの理事をやっているワイナリーに企画を提案することになりました。

宴会場の設備や食事のメニュー、エンターテイメントなど、企画内容には絶対の自信があります。ただ、それを普通に提案しても芸がありません。

そこで私たちはわざと古く見える紙を持ってきて、提案内容をカリグラフィ（アルファベットの書道）を使って手書きで用意しました。さらにそれを本物のワインボトルに入れて栓をし、ワインを運ぶ本物の木箱に詰めて持っていったのです。そのとき使ったワインボトルは、理事をやっているワイナリーのものです。木箱を開けた理事が思わずニヤリとしたのは言うまでもありません。

その結果、レセプションの会場はリッツ・カールトンに任せてもらえることになりました。このビジネスを射止められたのはもちろん提案の中身が良かったからですが、私たち自身が楽しみながら仕事をしている雰囲気が伝わり、「リッツ・カールトンなら楽しいレセプションを演出してくれそうだ」と、理事に思っていただけたことが大きかったのだと思います。

どんな仕事も、自分の感性やイマジネーションを発揮できる格好の舞台にすることは可能です。そう考えると、一見つらく厳しく思える仕事も楽しんで取り組めるはずです。

4
CELEBRATION
お祝いしたいと思う気持ちがサービスの質を高める

リッツ・カールトンでは、スタッフの誕生日や入社記念日をみんなでお祝いするのが通例になっています。お祝いの仕方は決まっていませんが、一番多いのは、ランチルームに集まってケーキでお祝いするパターン。ケーキの上に、

「今日一日あなたはスターです」

と書かれたカードが載せてあり、その言葉通り、その日はどのスタッフとすれ違っても〝おめでとう〟と声をかけられます。

一方、入社記念日は、上司が何人かをまとめて食事に連れていってお祝いします。たとえば入社八年目の従業員がいると、八の字にくり抜いたクッキーや、八という数字の入った手作りのオブジェをみんなでプレゼントします。お祝いするほうも楽しみながらやってくれるので、祝われるほうも気楽に楽しめます。

このようなセレブレーション（お祝い）文化は、リッツ・カールトン固有の文化というよりもアメリカ社会に広く浸透している文化かもしれません。ただ

特筆すべきなのは、リッツ・カールトンがこの文化をきちんとシステム化して社内に根づかせているという点でしょうか。

リッツ・カールトンでは、スタッフの誕生日が近づくと、本部からそれぞれのホテルに誕生日カードが必ず届くシステムになっているのです。

カードはラインナップ（朝礼）のときに本人に手渡すので、必然的にみんながその人の誕生日を知ることになります。リッツのスタッフはもともと感性の高いスタッフが多いのかもしれませんが、誰かの誕生日だと聞かされれば「レッツ・ハブ・ファン」の精神で自然にお祝いをする。会社はきっかけを与えるだけですが、それをシステム化することで着実にセレブレーション文化が浸透していくのです。

このように社内でセレブレーションを実践し、それを定着させていくと、お客様に対するサービスにも好影響が出ます。

ビジネスで大きな契約が取れたというお客様が上機嫌でホテルに帰ってきた。あるいは、新婚旅行以来忙しくて旅行できなかったというご夫婦が、十数年ぶりに観光でいらっしゃった。

スタッフが普段からセレブレーションの習慣を身につけていれば、お客様の

ちょっとした言動にも敏感に反応して、

「おめでとうございます。良かったですね」

という言葉が自然に口をついて出るようになります。場合によっては、お花やデザートのプレゼントでお祝いの気持ちを表すかもしれません。これらの対応はセレブレーション文化がきちんと定着していれば、自然と取れる行動だと思います。

まずは身近な人の記念日を祝うことから始めてみる。奥様や子どもたちに対して花一輪でも心から贈ってみる。そんな積み重ねや愛情表現が、お客様に対したときに感性豊かな心をはぐくむのです。

5 Chicken Soup for the Soul
優しさは仕事人としての必須条件

世界を震撼《しんかん》させた9・11の米国同時多発テロ事件。事件当時、すでに私は日本支社で働いていましたが、ニューヨークには多くの友人が住んでおり、心を痛めるとともに友人たちが心配で夜も眠れなかったのを覚えています。

あの事件のあとは、ニューヨークのみならずアメリカ中が暗く沈んだ雰囲気に包まれました。それによってホテル業界も深刻な打撃を受けました。多くの人がテロを警戒して旅行を取り止めたり、企業が経費削減のためにホテルの利用を減らしたのです。

リッツ・カールトンもその影響を受けて一時、売上げが落ち込みました。社内には、多くのホテル・カンパニーと同じようにコストや人員をもっと削減して、この危機を乗り越えるべきではないかという意見もありました。しかし、創立者のシュルツィは次のように言ったのです。

「こういうときにテーブルの上のお花をカットしてはいけないよ。みんながつらい思いをしているときだからこそ、食事をしてくつろいだり、人と会って話をする場所にお花がなければいけないんだ」

このシュルツィの発言に、私は心を打たれました。リッツ・カールトンの使命は、お客様に幸せな気分を感じていただくことです。コスト削減のためにテーブルから花が消えたら、お客様の心はますます沈んでいくばかりです。お客様が心を痛めているときだからこそ、精いっぱいのサービスをして温かい気持ちになっていただく。

リッツ・カールトンは、「心のためのチキンスープ」を非常に大切にするホテルです。これはアメリカの慣用句で、「心を暖める行動や話」という意味です。風邪を引いて体を温めなくてはいけないときにチキンスープを飲む習慣からきたものです。そこから派生して、心が風邪を引いて元気がないとき、気持ちが弱っているときに、心を温めて元気を取り戻させるものを「心のためのチキンスープ」と呼ぶのです。

テーブルの上のお花も「心のためのチキンスープ」のひとつです。お花を見て元気を取り戻してくださるお客様がひとりでもいるならば、私たちはお花を飾り続けたいのです。

以前、ボストンでこんなことがありました。リッツ・カールトンで結婚式を挙げたご夫婦が、結婚二十周年の記念にご宿泊されました。お二人がチェックインをすませてエレベーターに乗ろうとしたとき、家で留守番をしている十二歳の娘さんと家政婦さんから緊急の電話がかかってきました。なんと家の周りで拳銃をかまえた覆面の二人組が暴れているというのです。

家政婦さんが警察を呼んだので二人組は逃走しましたが、娘さんも家政婦さんもおびえきっています。お客様はすぐに宿泊をキャンセルされ、自宅へと飛んで帰られました。

家では、娘さんがまだ震えていましたが、警察から、

「今回は悪質ないたずらで、ふたたび現れる心配はないだろう」

と説明を受けて、ようやく平静を取り戻したそうです。

ところが、今度は夫婦の大切な記念日が心ない男たちによって台なしにされたことが急に悲しくなってきました。

二人の二十周年のお祝いだったのに、なんてついてなかったのだろう……。

ご夫婦ががっくりと肩を落としていたそのときです。家の前に一台の車が停

まり、手に荷物を抱えた運転手が近づいてきました。

「ホテルからのお届け物です」

お客様が荷物を受け取って中を確かめると、そこにはシャンパンとグラスが二つ、焼きたてのクッキーの箱、バスローブが二枚入っていました。一緒に入っていたカードには、こう書かれていました。

「結婚二十周年おめでとうございます。お二人の力になればと思いお祝いをお届けします。リッツ・カールトン・ボストンのスタッフ一同より」

6
PASSION 情熱は組織を動かす大きなエネルギーになる

アトランタで産声を上げたリッツ・カールトンは、現在、世界に六十のホテルを持つホテルチェーンになりました。成功の原動力になったのは、リッツ・カールトンの理念やサービス哲学、そしてそれらを実現するさまざまな仕組みです。しかし、何よりも大きな要因だったのは、創立者たちの「パッション」(情熱)だったと思うのです。

パッションは、行動するエネルギー、人を動かすエネルギー、そして自分の夢に人を巻き込むエネルギーです。このエネルギーがないと、どんなに素晴らしい理念や仕組みも動き出しません。ロケットが大気圏を脱出するまでに燃料のほとんどを費やさなくてはならないように、理念や仕組みを軌道に乗せるまでには膨大なエネルギーが必要です。リッツ・カールトンの場合、そのエネルギーを生み出していたのが初代社長シュルツィのパッションだったのです。

私がはじめてシュルツィに出会ったのは、リッツ・カールトンに入社する前の一九八七年のことです。旅行業界には、毎年二十万人の人が参加するＩＴＢ（ベルリン旅行見本市）という国際的なコンベンションがあります。私は当時勤めていたサンフランシスコのフェアモントホテルの代表として、大掛かりなブースを出展していたのですが、そのとき知人から、

「面白いホテリエがいるよ」

といって紹介されたのがシュルツィでした。リッツ・カールトンのブースは会場の隅にある小さなものでした。私が知人に紹介されてあいさつすると、彼はすっと立ち上がり、しっかりと私の手を握りました。

「会えて嬉しいよ、ヤングマン。キミはどこのホテルだい？」

「サンフランシスコのフェアモントです」

「あそこはいいホテルだ。社長のミスター・スイッグも素晴らしい人だろう。彼から学ぶべきものは多いよ。たとえば……」

こんな調子で、あいさつもそこそこにいきなりサービスについて語り出したのです。しかも、そのあいだずっと私の手を握ったまま放してくれません。

「リッツ・カールトンはまだ数軒しか建っていないが、いずれ世界一の評価を得るホテルチェーンになる。それが私の夢だ。覚えておいてくれ」

初対面の私に、熱い思いで自分の夢を語りかける。そんな人に会ったのは初めてでした。ほんの数分だったのですが、シュルツィのパッションにすっかり圧倒されて、

「ああ、この人と一緒に働いたら面白いだろうな」

と思ったことを記憶しています。

それから三年後、私は本当にリッツ・カールトンに入社することになりました。入社後のオリエンテーションでひとりずつ社長と話をする機会があったので、私はベルリンで一度会っていることを伝えようと思っていました。ところが、シュルツィは私の顔を見たとたんに、

「ベルリン以来だな。ミスター・スイッグは元気かい?」

と切り出したのです。これには私も驚きました。コンベンションで数分話しただけなのに、まさか私のことを覚えてくれているとは思わなかった。これは私がリッツ・カールトンで最初に体験したミスティークだといえるでしょう。

そして、その日もベルリンのときと同じように語り始めました。

「リッツ・カールトンは世界一のサービスを提供するホテルになる。それが私の夢なんだ」

三年前も、そのときも、彼が放つパッションはまったく変わりがありません。そしてまた私も三年前と同じように彼の話に引き込まれていったのです。

これは実際に入社してわかったことですが、リッツ・カールトンの本社にはシュルツィの他にも強烈なパッションを持った人が数多くいました。創立時の五人のメンバーもそうですし、他のスタッフも熱い思いを持った人ばかりです。

もともとリッツ・カールトンには情熱的な人が集まっていたのかもしれませんが、私はパッションは伝染するものだと思っています。誰かが強いエネルギーを発すると、それが次々に飛び火して組織全体が熱くなっていく。組織にパッションが伝わっていくと、一人ひとりにエネルギーが満ちあふれ、それが会社の成長へとつながっていくことになる。

いまは二代目の社長、サイモン・クーパーが率いるリーダーたちがそのDNAをさらに進化させています。これは現場レベルでも同じことが言えると思います。

「こんなサービスをしてもお客様には通じない。やるだけ無駄だよ」

「そんな高度なサービスをする技術も身についていないし、そんな知識も学んでいない。私たちにはできるはずがないよ」

エネルギーの足りない現場では、このような愚痴や諦《あきら》めの言葉が飛び交うことがあります。しかし、それではサービスのクオリティはけっして上がってはいかないでしょう。

たとえリーダーでなくても、現場にひとりでもパッションを持った人がいれば違ってきます。最初は空回りしてしまうかもしれませんが、熱意を持って取り組めば、やがて周りの人に広がって雰囲気が少しずつ変わっていくものです。

ニューヨークのスタットラー・ヒルトンでお皿を下げるバスボーイをしていたころ、私は皿洗い係が仕事をしやすいように、皿やグラス、残飯をカートに仕分けして運んでいました。日本人の感覚からすれば、ごく普通の自然な気配りです。

ところが、他のバスボーイは大雑把で、すべてをカートにごちゃまぜに乗せて運んでいました。私だけがひとりで違うことをしていたせいか、他のバスボーイからはもちろん、皿洗いの係たちからも、

「ヘンな日本人がやってきたぞ」

という目で見られていました。

ところが、気にせずに整理して運んでいると、やがて周囲の目も変わってき

ました。もともと皿洗い係が洗いやすいように始めたことなので、まず彼らが優しくなった。次に、私がテーブルをきれいに片づけるのでウエイターもお客様から褒められるようになり、彼らのチップも多くなった。そして私が皿洗い係やウエイターと仲良くなると、最後まで意地を張っていた他のバスボーイたちも、

「ヘイ、今度、俺たちにやり方を教えてくれよ」

と頼んでくるようになったのです。

パッション＝情熱は、周囲の人を巻き込んでいくエネルギーです。その情熱が強ければ強いほど、現場や組織も大きく変わっていくのです。

7 EMPOWERMENT（権限委譲）お客様の願望をスピード解決

二〇〇四年の出来事です。

深夜、リッツ・カールトン香港に家族連れのお客様が予約なしにいらっしゃいました。立ち振る舞いは紳士そのものなのですが、服が汚れていて、顔色も悪い。お子さんたちは憔悴《しょうすい》しきった様子です。

これは何か事情があるに違いないと思いフロントマネージャーが話しかけると、じつはお客様はモルジブに滞在中、スマトラ沖地震による津波の被害に遭われていたことがわかりました。

荷物は泥のついたスーツケース二つだけ。いろいろなものが流されてしまい、目に付いた服だけをとにかく詰め込み、なんとか香港までたどり着かれたそうです。

チェックイン後、そのお客様からフロントに電話がかかってきました。

「明日は、ショックを受けている子どもたちを外に連れていって遊ばせてあげたい。ただ、持ってきた服もすべて汚れていて、とても外を歩けるような格好じゃない。深夜に申しわけないが、何とか洗濯してもらえないだろうか……」

すぐにコンシェルジュがお部屋にお伺いすると、スーツケース二つに、百点近い洋服が入っていました。百点にもなると通常お時間がかかりますが、事情が事情です。とにかくランドリーに運び、フロントマネージャーとコンシェルジュ、数人のランドリースタッフで手分けして洗濯しました。

明け方、徹夜作業でようやくアイロンがけまで終わったところで、フロントマネージャーはふと気づきました。ホテルのランドリーの料金は、街のクリーニングより高く設定しているため、百点近いアイテムだと軽く千ドルを超えてしまう。

フロントマネージャーは朝一番で洗濯物をお部屋に運ぶと、こう言いました。

「今回は大変でしたね」

フロントマネージャーは自分の判断で、六百ドルを割引してしまったのです。

もちろんお客様には大変喜んでいただけました。その日、お客様は前日とは見違えた姿で外出され、すっかり気分もリフレッシュされたそうです。

この話を聞いて、いい話だが、上司に相談しないで判断したのは、はたして良かったのか。組織の一員としては軽率な行動だったのではないか、そんな疑問もあるでしょう。

リッツ・カールトンは、原則的にサービスの料金をディスカウントすることはありません。料金に相応しいだけのおもてなしをしているという自負があるからです。

それにもかかわらず、なぜフロントマネージャーは自分の裁量で割引ができたのか。その根拠になっているのが、リッツ・カールトンの「エンパワーメント」（力を与えること。権限委譲）です。

エンパワーメントとは、リッツ・カールトンの企業哲学と価値観を理解しているなら、個人の判断で行動してもいいという考え方のことです。エンパワーメントは「ザ・リッツ・カールトン・ベーシック」の十番目にも明記されており（73ページ）、これにより従業員は現場の判断を最優先することを認められています。

フロントマネージャーが自分の裁量で割引を決めたのも、このエンパワーメントが背景にあったからです。

エンパワーメントの最大のメリットは、その場で独自の決断を下せるスピードにあります。せっかくアイデアが浮かんだのに、上の判断を仰ぐまで行動に移せず時機を逸してしまったとしたら、これは損失です。あるいは困っているお客様にいますぐ必要なサービスがあるのに、組織のしがらみがあって調整に時間がかかるとしたら、お客様を喜ばせることはできないでしょう。

願望やニーズは、それが最高潮のときに満たされることによって、大きな感動を生み出します。願望やニーズがしぼんでしまってからでは、何をやってもお客様の心を動かすことはできません。

エンパワーメント（権限委譲）は、お客様の願望やニーズをその場で実現させるために欠かせない仕組みなのです。

第4章

サービスは科学だ

1 ミスティーク（神秘性）は最高のおもてなしだ

アメリカのカリフォルニア州ロサンゼルスの郊外に、世界最大のヨットハーバーが広がるマリナデルレイという街があります。

ある夜のこと、ザ・リッツ・カールトン・マリナデルレイにお泊まりの常連のカップルのお客様がバーで「マイタイ」を注文されました。「マイタイ」はハワイ生まれのトロピカルカクテルです。

じつはお二人はハワイへハネムーンに行き、ザ・リッツ・カールトン・カパルアに宿泊するつもりでした。ところが新郎にがんが見つかり、投薬治療のためにハネムーンをキャンセルされました。ご注文のマイタイは、ハワイの気分を少しでも味わいたいという二人のささやかな慰めだったのです。

バーテンダーのボブは、お客様との会話のなかでそのことを伝えられると、いてもたってもいられなくなりました。彼はタイミングをみて、そっとカウン

ターを離れ、何本かの電話をかけました。そして戻ってくると、

「あと三十分ほど私におつき合い願えませんか？」

と、お二人に言いました。

三十分後、お客様はアロハを着たフロントのスタッフに声をかけられました。

「特別なカパルアルームにご案内しますので、こちらへどうぞ」

お二人は訳がわからない様子でスタッフのあとについていき、あるスイートに案内されました。

そこで目にしたのはランの花が敷き詰められ、水槽のなかで美しい熱帯魚が泳ぐハワイの風景。魚網がかけられたベッドには貝殻がちりばめられ、バスルームはエスニックなランプでほのかに照らされています。

「見て、ビーチがあるわ！」

新婦が指差した方向には業務用の巨大なアイスボックスがあり、中は一面に砂が敷き詰められて、バケツとスコップが添えてありました。

「ありがとう。でも驚いたよ。私たちがハワイへハネムーンに行くつもりだったことは、ついさっきバーのボブに話したばかりだったのに」

カップルの目には涙があふれていました。そして、カリフォルニアでの〝ハ

ワイアンハネムーン〟を存分に楽しまれたそうです。

リッツ・カールトンに泊まると、なぜか次々に驚くようなことが起きる。私たちは、そうした体験をつくり出すことを「リッツ・カールトン・ミスティーク（神秘性）」と呼んでいます。

ミスティークは、必ずしもハワイアンハネムーンのような大仕掛けの形で起こるとは限りません。

・「このホテルを利用するたびに、いつも名前で声をかけられるんだ。VIPになった気分だったね」

・「私が泊まるときは、いつも部屋に〝ボルヴィック〟が常備してある。しかし、友達が泊まったときは〝ヴィッテル〟だった。ちゃんと私と友達の好みに合わせてくれるんだ」

・「妻とレストランで食事していたら、『結婚記念日、おめでとうございます』といってシャンパンをプレゼントされた」

・「ロビーでコンシェルジュに呼び止められ、美術館のパンフレットを差し出された。昨晩、夕食のときにウエイトレスの方にちょっと話しただけなのに」

リッツ・カールトンは、こうした小さな「あれ？　どうして？」を非常に大切にしています。なぜなら、ミスティークは大きさにかかわらず感動を引き起こすものであり、リッツ・カールトンでは、

「感動はお客様への最高のおもてなしのひとつだ」

と考えているからです。

ホテルとしてミスのない百点満点のサービスをしても、お客様は「いいホテルだね」という評価をしてくださるだけです。そしてそのようないいホテルはリッツ・カールトン以外にもたくさんあります。

リッツ・カールトンが目指しているのは、いいホテルという位置づけではなく、感性豊かなホテルという評価です。そのプラスアルファの部分を生み出す役割を果たしているのがリッツ・カールトン・ミスティークなのです。

2 サービスで重要なことは高く感性を共有すること

「リッツ・カールトン・ミスティーク」は偶然に起きるものではなく、チームワークが生み出すものです。

マリナデルレイのカップルの例で言えば、お部屋をハワイ風に変えることができたのは、バーテンダーがお二人との会話を通じてその心情を察し、マネージャーに連絡し、すぐに模様替えの手配をしたまでのことです。

ホテルマンなら、その場でカクテルをプレゼントしたり、気の利いた会話でお客様を和ませるかもしれません。しかし、そうした心配りは個人の資質によるところが大きく、あるスタッフならできて、別のスタッフではできない、という事態もありえます。

また、あるスタッフがお部屋の模様替えを思いついても、他のスタッフが同じ感性を持っていなかったり、共感しても行動に移せるシステムがなければ実現は不可能です。バーテンダーが模様替えを提案しても、マネージャーが、

「そこまでする必要はないし、手の空いているスタッフもいないよ」

と言ってしまえば、そこで終わり。ミスティークを生み出すには、従業員全員が同じ感性を持ち、同じ目的に向かって行動できる仕組みが必要なのです。

初代社長のシュルツィは、ことあるごとにこう言っていました。

「感動を偶然や個人の能力だけに頼ってはいけない。サービスは科学なのだから」

これは、感動は同じ価値観によって支えられた仕組みによって生み出されるべきで、運が良ければ感動を体験できるという状況ではいけないという意味です。

科学というと無機的で冷たい印象を与えるかもしれませんが、サービスにおいて、つねに高いレベルのおもてなしをするというのは非常に大切なことです。

たとえばお寿司屋さんに行って、

「今日は築地にいいネタがなかったから冷凍物で我慢してください」

と言われたら、お客様は満足できるでしょうか。その日、美味しいお寿司を食べられるかどうかは築地しだいというのでは、まさに運任せ。それも想定内のこととして、仕入れや保存の仕組みを整えておけば、お客様を落胆させることもないはずです。

もっともお寿司屋さんの場合は自然のものを扱っているのでやむをえない部分もあるでしょう。

しかし、ホテルが提供するのは人がつくり出すサービスです。あのスタッフは気が利くが、あのスタッフは鈍感だというのでは困るのです。

リッツ・カールトンでは、サービスを科学としてとらえ、最高のおもてなしをするための仕組みをつくり上げています。マリナデルレイのカップルがバーではなくレストランでお食事されても、あるいはマリナデルレイではなく大阪でご宿泊されても、きっとミスティークを体験されたことでしょう。

3 同じ結果を出すためにマニュアルは必要

ホテルには時々、カリスマ・ホテルマンがいらっしゃいます。次々と大きな宴会の契約を取ってくるダントツ営業マン、大型イベントのプロモーションを成功させる名物広報マン、政界財界のVIPをはじめとして六千人以上のお客様の名前を覚えているドアマン、常連のお客様が入ってきた瞬間にバーテンダーにいつものドリンクを指示する、レストラン・マネージャーなどなど。

また必ずしもカリスマとまではいかなくても、一部の卓越した社員の能力によってホテルの現場が支えられていることが案外と多いのです。

ここで疑問が湧いてきます。たとえば、彼らが休みの日に、あるいは極端な場合、会社を辞めてしまった場合に、その現場の流れを維持していく仕組みができ上がっているかどうか。

日本人には、元来の資質としておもてなしの心が備わっていますから、これまでのホテルの研修や教育などでは、情緒的、抽象的に、個人個人の能力に訴えかけてきたように思います。私の経験からみても、アメリカの現場のホテルマンと比べて、日本のホテルマンのほうが優れている点がたくさんあります。また、日本の職場には、文化的、宗教的違和感はほとんどありません。チームプレーを発揮するにはこれほどいい環境はなさそうに思われます。

ところがここに落とし穴があります。

つまり、従業員が平均的に優秀なため、毎日の業務が滞りなく回ってしまうということ。そのため、社員の優れた才能を見出し、さらにそれを伸ばしていくという仕組みづくりが整っていない場合があるということです。

カリスマドアマン、カリスマ黒服、カリスマ広報マン。これはこれで、そのホテルのひとつの売りになることは確かです。

しかし、毎日の現場においては、お客様に対して、誰が接点であったとしても、ワクワク感あふれるサービスを提供できる仕組みをつくっておくことが必要です。そしてこれは組織全体で取り組む問題です。これを「プロセスづくり」と呼んでいます。

このプロセスづくりに関して言えば、やはり外資系、とくにアメリカのホテル企業のほうが進んでいるように思います。

まず、アメリカという国が多民族国家であるという背景。社会、文化、宗教などの違いから、あるいは教育レベルのばらつきなどから、さまざまな違った価値観を持ったスタッフが集まって一緒に仕事をするわけです。

たとえば、私がニューヨークのプラザホテルで働いているときに人事部で見せてもらった表には、プラザの従業員約八百人の人種、出身国、話す言語などが詳細に記されていました。言語の欄にはその国のミニ国旗が貼ってあるのです。緊急事態が起きた際のコミュニケーション網です。私の欄には、日の丸と星条旗が貼ってありました。私の秘書をしていたマリアは七カ国語を理解したので、貼ってあった国旗はもちろん七つでした。

国旗の数を数えたところ、全部で二十三種類ありました。つまりプラザホテルでは二十三カ国の出身者が仲間として働いていたのです。

リーダーは、そういう集団を束ねて、企業活動を推《すす》めていかなくてはならない。当然、強力なリーダーシップと組織運営の仕組みが必要となります。そこでは多様性を尊重するという精神が生まれますが、同時にホテルの現場においては誰もが一定の結果を生み出すことが求められます。

たとえば清掃作業における、清潔感という観念。日本人、中国人、アメリカ人、エチオピア人、フランス人などでは相当の開きがあります。そこで、清掃という作業そのものをマニュアル化することにより、誰が担当してもリッツ・カールトンにおける清潔さが保たれなくてはならない。

リッツ・カールトンでは、さまざまな業務において、このマニュアルを活用することでサービスレベルを一定にしていきます。そのうえで、次に現場のサービスをホスピタリティのレベルにあげるためのプロセスが必要になります。クレドに記されているゴールド・スタンダードの実践プロセスは、そういった土台作りがなされたうえで、はじめてマニュアルを超えていくのです。

4 情報を情緒に変えるということ

お客様についての知識は、何も宿泊回数などの数字だけとは限りません。むしろ実際のおもてなしで大いに役立つのは、数字にならない感性の部分です。

お客様はどんな食事が好きなのか、ワインはどの銘柄が好きなのか、どんな方とおつき合いがあるのか、オフはいつもどうやって過ごされているのか……。こうした本当にパーソナルな部分ほど情緒に結びつきやすいものです。

リッツ・カールトンの従業員は積極的にお客様に話しかけるようにしています。従業員からコミュニケーションを取るのはお客様との信頼関係を築くためですが、じつはそれと同時に、会話を通してお客様の感性を把握するという大切な役割も果たしているのです。

たとえばはじめてのお客様がチェックインをされるときは、どこでリッツ・カールトンをお知りになったのかをさりげなく聞くようにしています。

「じつは○○という雑誌の紹介記事を読んで、泊まりたいと思ったんだ」

と教えてくだされば、その雑誌を通してお客様のライフスタイルをうかがい知ることができます。あるいは、

「○○社の△△部長が、大阪ならここがいいと教えてくれてね。△△さんとは、昔からのゴルフ仲間なんだ。彼が薦めるホテルなら、間違いないと思って」

とおっしゃれば、そのお客様はゴルフが好きなこと、おそらく△△さんと共通の感性を持っていることが予想できます。

チェックインのとき、あるいはベルマンがご案内するとき、ゴルフの話題で話しかけてみることもできます。予約のときに話した会話の中身を忘れているお客様は、

「なぜ私がゴルフ好きだと知っているのだろう」

と驚かれる。これもホスピタリティのひとつの形です。

ちなみにメモパッドは、すべてのセクションの従業員が持っています。ルームサービスなら、

「シャンパンのこの銘柄がお好きです」

ハウスキーパーなら、

「柔らかい枕では眠れないそうです。硬い枕に変えました」

といった具合に、それぞれの立場で気がついたことをメモに取り、蓄積していきます。

こうした内容は、お客様が次回宿泊されるときに活用されます。ご予約をいただくと各セクションがその内容を見て、お客様の感性を満足させるための準備を始めます。

だからお客様が何も言わなくても好きなシャンパンや好みの硬さの枕が揃っている。それがミスティークにつながるわけです。

5

従業員が〝一日二千ドル〟の決裁権を持つ意味

エンパワーメントで従業員に認められている力（権利）は三つあります。

①上司の判断を仰がずに自分の判断で行動できること
②セクションの壁を超えて仕事を手伝うときは、自分の通常業務を離れること
③一日二千ドル（約二十万円）までの決裁権

現場のスタッフにとって、エンパワーメントは大変ありがたいものです。お客様にお花をプレゼントしたいが、あとで経費として認められなかったら……。そんな心配があるうちは、従業員としても思い切った発想が出てきません。エンパワーメントの仕組みができているからこそ、通常のサービスを超えた最高のおもてなしを実現できるのです。

ちなみになぜ二千ドルなのか。この額が決まった細かな経緯はわからないのですが、私はおそらくアメリカ国内で〝人を運ぶコスト〟が関係しているのだと推測しています。

私がロサンゼルスのリッツ・カールトンの営業所で働いていたときのこと。当時本社のあったアトランタの上司から、

「今夜とくに予定がないなら、いますぐアトランタに来てくれ」

と、電話で呼び出されました。急いで空港に行きアトランタに飛ぶと、そこには私がいろいろとお世話になったことのある日本の知人が待っていました。上司はその知人をディナーに招待しており、私はサプライズゲストとして呼ばれたのです。

知人も私もそのことを知らされていなかったので大変驚きましたが、その驚きの分だけじつに楽しい時間を過ごすことができました。これもひとつの「リッツ・カールトン・ミスティーク」だといえるでしょう。

このとき私が使ったロサンゼルス―アトランタ間の飛行機運賃は、片道で約九百ドルでした。早期予約していれば二百ドル程度でしたが、急に呼び出され

たため、定価のチケットだとこのくらいの料金になってしまいます。トンボ帰りでロスに戻ったので、帰りの運賃も同じ。往復で約千八百ドルかかった計算です。

ロサンゼルス―アトランタ間の往復料金が千八百ドルならば、アメリカ国内でどこかへ行って帰ってくることになったとしても、二千ドルあれば十分であることがわかります。エンパワーメントで認められた決裁権が二千ドルまでに決まったのも、こうした人の移動を想定していたからではないかと思うのです。

じつはエンパワーメントの活用例として多いのが、大切なお客様に忘れ物を届けるケースです。このとき二千ドルあれば、人の移動にかかるコストを考えることなく従業員が直接お届けすることができます。

以前に大阪で講演をされた大学の先生が、お部屋に講演の資料と老眼鏡をうっかり忘れてしまったことがありました。東京に帰る新幹線のなかで気がついたが、FAXで送ってもらうと人目に触れてしまうし、その日の夕方には東京で講演があるので宅配便では間に合わない。そこでハウスキーパーは何のためらいもなく「のぞみ」に飛び乗り、東京駅で先生に資料を手渡しました。先生はいたく感激され、その日の講演会も大成功に終わったそうです。その先生が常連客になられたのは言うまでもありません。

ビジネスマンのお客様が仕事の重要な書類を忘れたり、年配のお客様が室内用の眼鏡を置き忘れたというケースでも、従業員が直接忘れ物をお届けする場合があります。

それらはマニュアルで決まっているわけではありません。FAXや宅配便で十分に間に合うのであれば、それらの手段を使います。大切なのは、お客様にとって一番良い解決方法は何なのかと考えたときに、躊躇《ちゅうちょ》なく最善の方法が選べる環境を整えること。二千ドルの決裁権は、そのために与えられたものなのです。また、この二千ドルという額は会社と従業員が同じ価値観で仕事をしているという信頼関係を表す目安でもあるのです。

お客様の特別な記念日にドンペリニヨンをサービスするとしても一本百～二百ドルですし、リッツ・カールトンのオリジナルシャンパンなら百ドル以内です。

もちろん使い切る必要はありません。二千ドルという決裁権は、あくまでおもてなしの選択肢を狭めないための仕組み。一ドルでも二千ドルでも、お客様に喜んでいただくことができるかどうかが大切なのです。

6
スタッフの助け合いがミスティークを生み出す

私がアメリカのホテルに勤めて感じたのは、部署間の縄張り意識がとても強い業界であるということでした。

これはひとつにはホテルのユニオン（組合）が、会社単位ではなく職種単位であるということに起因しているようです。ウエイターならウエイターの、ハウスキーパーならハウスキーパーのユニオンがあります。そのため宴会のスタッフが手薄でもハウスキーパーにヘルプを要請するということはありません。

また組合がない営業のスタッフがロビーで荷物運びを手伝ったりすると、越権行為としてベルマンの組合にレポートされて注意書が届くこともあります。彼らはチップ収入で生計を立てているため、それを脅かす存在ととらえられてしまうのでしょう。

ヒルトンの営業時代には、好意でお客様の荷物を部屋まで運んだ結果、何枚も注意書をもらいました。また購買や在庫管理などの裏方部門へ勝手に出入りしたりすることもできませんでした。

そんなことがあったので、スタットラー・ヒルトンからプラザの営業に移籍するとき、総支配人に次の条件を出しました。給料の交渉は一切しない。そのかわり、勉強のため、どのセクションでも自由に出入りして責任者から仕事の話を聞くことができるパスを出して欲しい。

営業マネージャーとして憧れのプラザの表舞台で働きながら、家具調度品の調達係、カーペット・シャンデリア類の修繕係などなど、プラザを支える裏舞台のスタッフたちからも実に多くのことを学ぶことができました。これらはパスがなければできなかったことです。

さて、リッツ・カールトンに移籍して驚いたのは、こうしたセクション間の縄張り意識がほとんどないということでした。

たとえば、急な事情で宴会の設営スタッフが足りないという場合、他のセクションにヘルプを頼んでもいいのです。

「宴会の人数が大幅に増えて、設営が間に合わないんだ。ヘルプしてもらえないか」

「オーケー、わかった。二人ならすぐに回せるよ。待っていてくれ」

リッツ・カールトンでは、要請を受けたほうもそれに快く応じてくれる。ホテルの中の風通しが非常に良いのです。さらに、スタッフ同士の連携からはミスティーク（神秘性）が生まれます。サンフランシスコのリッツ・カールトンでの出来事です。

ある日の昼下がり、玄関に立つドアマンのところに若いカップルが青い顔をしてやってきました。

「ちょっと聞いていいかな。じつはホテルの脇に親父から借りた車を停めてたんだけど、駐車禁止だと知らなくて、どうやら警察に持っていかれたらしいんだ。州外から来たから、どこに連絡すればいいのかさっぱりわからなくて……」

ドアマンが現場に行くと、車はバークレーまで取りにきなさいという警察のメモが残っていました。

「お客様、バークレーへの行き先はご存じですか？」

「いや、バークレーの場所も知らないし、そこに行くまでの交通費もない。それに本当は僕たち、リッツ・カールトンの客でもなくて、たまたまホテルの横に車を停めていただけだから……」

「そうですか。でも気になさることはありません。なんとかしましょう」

ドアマンは迷うことなく若いカップルを助けることに決めました。

ただ、彼にはお客様をお出迎えするという大切な仕事があります。自分ひとりでは手助けすることができません。そこで彼はベルマンのセクションに連絡を入れました。

「じつはこういう事情のカップルがいらしてね。誰かバークレーまで乗せていってあげられないかな?」

「わかった。ちょうどシフトから上がってくるスタッフがいるから、すぐそっちに向かわせるよ」

仕事明けのベルマンが自分の車でふたりをバークレーまで連れて行くと、車両移動費用として百六十ドル支払わなくてはならないとのこと。困っているふたりに代わってベルマンがそれを立て替えて、ようやく車を取り戻すことができたのです。

数日後、小切手とともに、男性の父親からリッツ・カールトン本社宛に手紙が届きました。

「うちの馬鹿息子が迷惑をかけたようで本当に申しわけない。息子も深く反省しているようなので、どうかお許し願いたい。以前は生意気でどうしようもないひねくれ者だったが、あれから人に対して優しくすることを覚えたようだ。これもサンフランシスコのドアマンとベルマンが温かい対応をしてくれたおかげだ。彼らには本当に心から感謝している。ぜひ本社からもふたりを褒めてやってほしい」

父親には、サンフランシスコから戻った息子さんが急に精神的に成長していたのは、ミスティークと映ったに違いありません。

7 「ファーストクラス・カード」でお互いを称《たた》えあう

スタッフ同士で気軽に助け合える環境を、リッツ・カールトンはどうやって作ったのでしょうか。その秘密は、全従業員が持っている「ファーストクラス・カード」にあります。

たとえば、お客様の荷物が予想以上に多く、ベルマンがハウスキーパーのセクションにヘルプを頼んだとしましょう。荷物を運び終わったとき、手伝ってもらった感謝のしるしとして相手に手渡すのがファーストクラス・カードです。

ファーストクラスという表現は、アメリカ社会では相手に対する最高の賛辞のひとつで、美辞麗句を並べて相手を褒めあげるよりも、「You are first class!（きみはファーストクラスだ）」と一言で言ったほうが敬意が伝わります。ファーストクラス・カードもまさにこれと同じ効果を持っていて、カードを手渡すことで相手に最大級の感謝の気持ちを示すことができるのです。

ファーストクラス・カードはスタッフ間のコミュニケーションツールとして機能しているだけではありません。

カードは手渡す前にコピーされ、オリジナルをヘルプしてくれた相手に渡し、写しを人事のセクションに回します。人事のほうでは、カードをもとに誰がどんなヘルプをしたのかを詳細に記録します。その結果は、次の人事査定の参考資料としても使われます。つまりファーストクラス・カードは、頑張っているスタッフを正当に評価するための仕組みでもあるのです。

他のセクションをヘルプしても何も評価されないようでは、従業員もやる気をなくします。頑張れば他のスタッフからの敬意を集め、同時に会社からも評価される――。そんな仕組みがあればこそ、従業員も積極的にヘルプに取り組むようになるのです。

8 「サービス・クオリティ・インジケーター（SQI）」が教えること

リッツ・カールトンで使われている、サービスに対するもうひとつの科学的なアプローチに、「サービス・クオリティ・インジケーター（ＳＱＩ）」というのがあります。

これは、毎日の仕事やサービスを提供する場面で起きてくる欠陥事項、失敗事項、あるいは問題事項などを、一つひとつ数値化して、記録に残す作業のことを指します。まさに顧客不満足度の数値化のようなものです。

これにはいろいろな事例が考えられます。

・営業に電話をつないでもらったのだが十回鳴っても誰も出ない。
・ツインを予約したのにダブルのお部屋に案内された。
・お部屋に入って浴室を使おうとしたところ、髪の毛が落ちていた。
・冷蔵庫の中の飲み物がきちんと補充されていなかった。

・ホテルのレストランに予約して行ったにもかかわらず三十分も待たされた。
・熱いうちに食べるべき料理なのに、冷めた状態で供された。

これらは、本来あってはいけないことですが、毎日の仕事のなかでは十分に起こりうることばかりです。

この場合、お客様にていねいに謝罪をして、しかるべき対処をするのは当然のことですが、もっと大事なことは何故このようなことが起きたのかをきちんと把握すること。どこかにプロセス上の欠陥がなかったかをチェックすることが必要なのです。さらには、同じことが二度と起きないように内部のプロセスを見直す作業へとつながります。

その過程として、まずそれぞれの欠陥事項や問題事項には点数がつけられます。たとえば、電話の応対の悪さは十五点、お部屋タイプの間違いなら十五点、髪の毛は二十点、飲み物の補充もれは十点、という具合です。

ＳＱＩのポイントはクオリティ部門に集まり、そこで集計され、記録されます。ある月のＳＱＩポイントが四百点だったとします。その数字は前月と比較して、どのように変化しているか。いつもポイントが高いセクションや問題事項は何か。それはどういうことを意味しているのか。それらについて、かかわっているセクションのスタッフ同士が話し合う機会を持ったりもします。

その結果、営業への電話の問題などは、営業スタッフたちの外回り予定を交換手が正確に把握することによって、お客様への案内がスムーズになるということも考えられます。予約スタッフとフロントスタッフが話し合いを持つことにより、お客様のより細かな要望を正確に伝えるプロセスが生まれるかもしれません。

大切なのは、お客様に快適に過ごしていただくために、従業員一人ひとりがお客様と同じ感性で問題意識を持ちながら仕事に取り組むということ。

ホテルマンといえども人間ですから、完璧《かんぺき》などということはありえませんし、間違いを犯すことも多々あります。心ならずもお客様に不快の念を与えてしまうこともあるでしょう。そういうとき、それを情緒的に解決するだけではなく、科学的にアプローチすることによって、できる限り完全な状態を創り出すための努力は必要なのです。

第5章
リッツ・カールトン流「人材の育て方」

1 入社面接にドアマンがいる理由とは？

ホテルの開業を成功させるときにもっとも重要なこと。それは、かつては、と言われていました。とにかく立地さえ良ければホテルは成功すると考えられていた時代があったのです。しかし、感性の時代に入ったいま、これは、

「ロケーション、ロケーション、ロケーション」

「ピープル、ピープル、ピープル」

に変わりました。お客様に最高のサービスを提供するうえで何よりも重視しなければいけないのは、ピープル、つまりそこで働くスタッフなのです。

人材が重要なのは他のサービス業でもいえることです。似たような立地で出店しているチェーン店なのに、店によって集客力がまったく違う。同じ商品を扱う営業マンなのに、なぜか売上げに大きな差が出る。こうした違いが生じるのも、そこで働くスタッフの力量に差があるからではないでしょうか。

リッツ・カールトンは、とくに人材へのこだわりを強く持っています。採用

の段階から十分に時間をかけますし、入社後の教育も毎日欠かさず行います。まずは自分の体験からお話ししましょう。

私がリッツ・カールトンに移籍したのは一九九〇年です。当時働いていたフェアモントでの契約が残りわずかになったころ、同じサンフランシスコでリッツ・カールトンが開業することになりました。ホテルのオープニングに携わるのは、ホテルマンとしての大きな夢です。フェアモントは素晴らしいホテルでしたから、ずいぶんと悩みましたが、結局自分の夢にはあらがえず、リッツ・カールトンの面接を受けることにしたのです。

面接には、じつに長い時間がかけられました。人事の担当者を含む五人による個別インタビューがなされました。これは「ＱＳＰ」（リッツ・カールトンの人材採用システム）と呼ばれています。

面接を経てリッツ・カールトンに移籍した私は、サンフランシスコの開業時、こんどは人材を採用する側として応募者の方たちへのインタビューを行う立場になりました。

私自身、何よりも驚いたのは会場の雰囲気でした。面接会場は殺風景なオフィスではなく、開業準備中のホテルのボールルーム（大宴会場）。しかも入り口にはドアマンが二人立って応募者を出迎えてくれます。

中にはグランドピアノが置いてあり、プロのミュージシャンが静かに演奏を続けています。応募者にとっても生演奏つきの面接は生まれてはじめての経験だったろうと思います。

いざ面接に入ると、ウエイターたちがコーヒーやジュースを運んできてくれます。じつはこのウエイターたちはみなリッツ・カールトンの管理職で、応募者にサービスするためにわざわざ正装に着替えていたのです。

入社試験のためにいったいどうしてここまでやるのか。もともとリッツ・カールトンには相手が誰であろうと〝親切なおもてなし〟をする文化がありますが、理由はそれだけではありません。

もうひとつの理由は、他の応募者の反応を見て気づきました。三百五十人の募集に対して約三千人の応募があったのですが、会場の雰囲気を見た半分くらいの人が、

「自分には合わない。もっと普通のホテルで働いたほうが気が楽だ」

と言って帰ってしまったのです。

応募者にもお客様と同じようなおもてなしをするのは、じつは最初にリッツ

ツ・カールトンの理念や価値観を伝えるためです。

実際に自分が受けたサービスを通して、リッツ・カールトンの文化に適応できるのか、もしくは本当に適応したいのかを考えてもらう狙《ねら》いがあったのです。面接試験は、いわばお見合いのようなもの。お互いの価値観を最初にしっかり披露しあい、感性が合えば結婚すればいいのです。

採用された人が入社後に、

「こんなはずではなかった」

と思ってしまったら、それは不幸な結婚です。従業員と幸せな関係を築きたいと思うなら、採用の段階から自社の理念や価値観をきちんと納得するまで伝える必要があるのです。

2 技術は訓練できてもパーソナリティは教育できない

普通、会社では、社員を採用する際に基準にしているものは何でしょうか。一般的には、即戦力として役立つスキルや過去の実績を重視するのかもしれません。ところが、サンフランシスコで私が受けたリッツ・カールトンの面接では、実績やスキルについてほとんど尋ねられませんでした。

面接は一対一で、面接官五人が順番に交代して行われました。当然、私はこれまでのキャリアについて根掘り葉掘り聞かれるものだと覚悟していました。しかし、面接官の質問は意外なものばかりだったのです。

「最近、どんな本を読みましたか？　その本のどこに感動しましたか？」

「先月、自分の家族を喜ばせるために何をしましたか？」

「同僚があなたに協力的ではなかったとしたら、あなたはどうしますか？」

このように私の人間性や性格を探るような質問が中心で、実績やスキルについてはさらりと触れた程度。入社試験というよりは、まるで深層心理を探る精神科医のカウンセリングのような不思議な面接でした。

いったいなぜ一風変わった質問ばかりだったのか。それはリッツ・カールトンが採用の基準として、サービスに関する技術や知識より、その人固有の性格や価値観といったパーソナリティを重視しているからです。

サービスの技術や技能は訓練すれば習得できます。知識もキャリアを積めば自然に身につくものです。しかし、その人の人格や価値観は長い時間をかけてつちかわれてきたものであり、あとからそう簡単に変えられるものではありません。テクニックはあとから訓練できたとしても、パーソナリティは鍛えられないのです。

たとえば営業マンに必要な技術や知識は、誰でも時間をかければ習得できます。しかし、人と話すより黙々とひとりで仕事をするのが好きだという人が、その技術や知識を身につけても、はたして営業の現場でうまくいくでしょうか。お客様に話しかけるのが苦手な人では、おそらく本人も働く喜びを見いだせないでしょう。

逆ならば非常に簡単です。人とコミュニケーションを取るのが好きだという人ならば、最初は接客のノウハウがなくたっていい。まさに〝好きこそ物の上手なれ”で、本人が進んで接客の技術や知識を身につけていきます。

人と会話するのが好きかどうかという性格ひとつを取ってみても、どのセクションに向いているかという素質が見えてきます。

つまり、優秀な人材を育てられるかどうかは採用時にほぼ決まってしまうといってもいいでしょう。

ちなみにリッツ・カールトンが面接でチェックするのは、職種に対する向き不向きだけではありません。感受性はどの程度あるのか、倫理観の強さはどうか、自立心はあるのかなど、その人のパーソナリティをさまざまな角度から探っていくことにかなりの時間を割きます。

それらを含めて、本当にリッツ・カールトンの理念を共有できるのかどうか、最高のサービスを提供できる素質があるのかどうかを判断するわけです。

人材は、健全な企業体を形づくる栄養素です。美味しそうに見えても栄養価がない人材ばかりを採用していたら、企業はやがて病気になってしまいます。人が健康な体を維持するために普段から食生活に気を遣うように、リッツ・カールトンは採用について真剣に考え、仕組みづくりに取り組んでいるのです。

3 リッツ・カールトンの一員になる大切な二日間

リッツ・カールトンに入社したスタッフは、まずはじめに二日間のオリエンテーションを受けます。私は営業担当で入社しましたが、セクションに関係なく、どの部門のスタッフも必ずオリエンテーションを受けます。

オリエンテーションといえば、タイムカードの押し方から制服の着方、社員食堂の利用方法まで、仕事をするうえで必要なマニュアルを教える研修のようなものを思い浮かべる方が多いかもしれません。

もちろんリッツ・カールトンにも、リスク・マネジメントに関するものをはじめとしたさまざまなマニュアルがあります。ただし、それらを教えるのは部署に配属された後です。リッツ・カールトンのオリエンテーションは、まずは新しいスタッフの不安を取り除くことが第一の目的なのです。

新しい職場には、誰でも不安を感じます。自分はこの会社でやっていけるのだろうか。本当にこの会社に入って良かったのだろうか。どんなに自信のある人でも、慣れるまではそんな不安に襲われるものです。

しかし、不安を抱えたままでは、せっかくの能力も発揮できません。新しいスタッフにのびのびと働いてもらうために、まずはみんなで温かく迎え入れてリッツ・カールトンの一員になってもらう。その役割を果たしているのがオリエンテーションなのです。

新しいスタッフを歓迎するための準備は、じつは入社前から始まっています。リッツ・カールトンに入社した社員は、いきなり勤務初日からすれ違うスタッフに名前で呼ばれます。まだ紹介もされていないのに、なぜ名前を呼んで声をかけてくれるのか。仕掛けはじつに単純で、数日前から社員食堂に新しいスタッフの写真と、

「○月△日に、○○さんが入社します。みなさんでウェルカムしましょう」

という紙が貼ってあり、それを見たスタッフが積極的に話しかけるからです。

こうした小さな仕掛けも、新しいスタッフを温かく迎えいれたいという気持ちの表れだといえます。続いて行われるオリエンテーションも、その延長線上にあります。

では、二日間で具体的にどんなことをするのか。

一日目は学びの時間です。ファシリテイター（指導者）という役割の社員が、リッツ・カールトンの歴史、企業理念、サービス哲学、ビジネスモデルといった内容を、かなり細かい部分まで説明します。たとえば歴史なら、セザール・リッツがどんな思いでホテル・リッツを建てたのか、W・B・ジョンソン（44ページ）はシュルツィにどんな夢を託したのかというところまで、熱を込めて説明します。

場の熱気が高まってくると、オリエンテーションは徐々に対話形式になります。リッツ・カールトンの歴史のなかであなたはどのように位置づけされるのか。あなたがこれまでに実行してきたサービスと、リッツ・カールトンの目指すサービスにはどんな違いがあるのか。あなたはこのビジネスモデルにおいてどんな役割を担うのか。そういったことを対話のなかで突き詰めていきます。

この段階まで来ると、最初は遠く感じたリッツ・カールトンという存在は、もはや身近なものになっています。いま聞いた話はひとごとではなく、自分もそのなかの一部になるんだという実感が湧いてくるわけです。

それと同時に、多くの人は一種のカルチャーショックを受けます。リッツ・カールトンは相当にユニークな会社ですから、オリエンテーションではそれまで未経験だった価値観や考え方に次々と出会います。そのときに感じるのは、戸惑いではなく興奮です。新しいおもちゃを見つけた子どものように、もうワクワクしてたまらなくなるのです。

私は初日のオリエンテーションの後、興奮で一睡もできませんでした。眠ろうと思って目を閉じても、

「こんなに面白い会社で仕事ができるなんて運が良すぎる！」

「エンパワーメント（権限委譲）であんなことやこんなこともしてみよう」

と想像が頭のなかでどんどんふくらんでいって、寝つけなくなってしまうのです。あとから他の仲間に聞いても、だいたい同じような体験をしていました。

オリエンテーション二日目は、各セクションのチーフを交えて行われます。総支配人に始まり、宿泊、料飲、営業の部長、レストランのシェフといった人たちが、具体的に自分のセクションの仕事内容を話していきます。私はアトランタ本社で受けたので、創業者のシュルツィが自ら熱く語るのを聞くことができました。

このとき、どのチーフも必ず次のように力説します。

「私たちのセクションの仕事の役割はこんな内容です。でも、私たちの目的は

みんなと一緒です」

つまり、それぞれに与えられた役割は違うけど、それはリッツ・カールトンのひとつのビジョンやミッションのもとに行われていて、みんな目的は一緒なのだということを伝えているのです。

二日目のランチは、各セクションのチーフたちと一緒にレストランで摂ります。新しいスタッフは、高校を出たばかりの十代の若者もいれば、私のように他のホテルで働いてきた十年選手もいます。そこにゼネラルマネージャーや部長が一緒になって座り、同じ目線で会話をする。全員が同じテーブルについて、同じサービスを受けることで、

「あなたたちはみんな私たちと同じファミリーだ」

という歓迎の気持ちを示すのです。もちろんサービスを担当するスタッフも心からの歓迎を表してくれます。二日目のこの時点になると、自分は新人だからと不安になるような人はほとんどいません。むしろ入社二日目にして、もう何年も前からこの会社のことを知っていたような錯覚に陥ってしまう。そんな不思議な感覚です。

会社がオリエンテーションを通して伝えることは、新しい職場に対する不安

を取り除いてあげるという姿勢です。温かく迎え入れることで、不安は安心へと変わり、それはすぐに期待や信頼、そして自信へと変わっていきます。

こうしたプロセスを抜きにして仕事のノウハウだけを教えても、おそらく形ばかりの表面的なサービスになってしまうでしょう。どんなにスマートなサービスをしても、従業員が緊張と不安で引きつった笑顔をしていれば、お客様の喜びも半減してしまいます。最高のサービスを提供するには、まずスタッフが心から楽しんで働くことが大前提なのです。

ちなみにリッツ・カールトンでは、配膳のスタッフにもオリエンテーションを受けてもらうことがあります。配膳は宴会専門でサービスする外部の派遣スタッフなので、しばらくすれば別の企業に移っていきます。しかし、お客様から見れば、彼らもリッツ・カールトンのスタッフです。また短期間の派遣社員の方や契約社員の方にもオリエンテーションを受けていただき、正社員と同じくリッツ・カールトンのビジョンを共有し、心から楽しんで働いてもらう環境を用意しています。

ジグソーパズルが目の前に積まれている状況を想像してみてください。そこで完成図を見ずにパズルを完成させなさいと言われたら、どう感じるでしょう。

おそらく何から手をつけていいかわからず、やる気をなくしてしまうのではないでしょうか。

企業でいえば、ジグソーパズルの完成図は企業のビジョンです。たとえ短期でも自信を持って働いてもらうためには、リッツ・カールトンのビジョンを知ってもらうことが大切です。そして、ビジョンを共有してもらう役目を果たしているのがオリエンテーションなのです。

新しいスタッフも外部のスタッフも、オリエンテーションを通して同じ仲間として気持ち良く働いてもらう。こうしたプロセスの積み重ねは、ホテル全体の雰囲気に反映されるものです。

お客様がホテルに足を踏み入れたとき、

「このホテル、なんとなく温かいね」

と感じていただけるかどうか。それは最初の二日間にかかっているといっても過言ではないのです。

4 新人に感性を発揮するチャンスを与える

日本の多くのホテルでは、新入社員が現場に配属された場合、まずはそのセクションの中でももっとも地味で単純な仕事からスタートさせます。経験がまったくない新卒であればなおのこと、現場の雰囲気と仕事に慣れさせるためにはしごく当然なことです。

ホテルを志望する動機は人によってさまざまです。人と話すのが大好きだからフロントでお客様をお迎えしたい。コンシェルジュとしてお客様のお手伝いがしたい。マーケティングを専攻したので企画の仕事がしたい、などなど。

ところが、配属されたのは宴会部門で、朝から晩まで什器《じゅうき》備品を磨くように言われた。ハウスキーピングに配属されて、ベッドメーキングとお掃除で毎日が過ぎていく。夢と現実のギャップは容赦なく新人たちを打ちのめします。こんなはずではなかった……私はこんな仕事をするために勉強してきたのではない……。

さらには、職場の仕事のやりかたにも疑問がいっぱい湧いてきます。自分だったらこういう風に整理整頓するのに……、このレポートはわかりにくいから、ここをこう改善すればいいのに……。

ところが、そんなことはとても先輩や上司には言い出せません。言ったら最後、「十年早い！」と一喝され、しかも人事考課にも響いてきます。そうなると、感性の良い人ほど、二、三年くらいでホテルに見切りをつけて辞めていってしまう……。もしもそんなことになったら、これは憂慮すべきことです。

では、ホテルとしては何をしなくてはいけないのでしょうか。

まず初めに、地味な現場の仕事の大切さ、それらの仕事が会社のビジョン達成のためにどういう意味があるのか、それを明確に納得できるように伝えるということです。企業が犯す最大の罪は、従業員にビジョンなき仕事をさせることだ、とはリッツ・カールトンの創立者、ホルスト・シュルツィの言葉です。

次に、社員の感性の高さや向上心などを見抜き、それを伸ばしていく職場環境を全社的に整えること。ビジョンなき単純作業を十年重ねてチーフになった人は、次の世代に対しても同じことをするものです。そこには想像力や創造力が活かされる余地がほとんど残されていません。この悪循環を断ち切るには、二十代前半から三十代前半までの、従業員の感性が一番鋭い勝負時に、創造性を発揮させる機会をどんどん作ることです。セクションの枠を超えた問題解決サークル、企画商品の社内コンペ、あるいは社会福祉活動、などもスタッフの感性や人間性を磨く良い機会になると思います。

私がプラザホテルに入社したてのころ、ニューヨークで毎年開かれるシューー・ショー（靴の展示イベント）の会場に、いくつかのホテルが名乗りを上げました。プラザもその候補のひとつだったのですが、肝心の宴会場がふさがっているうえ、他のホテルを上回るような画期的なアイデアがなく、営業担当のベテランたちはみな頭を悩ませていました。

私は、営業会議の席で話を聞いていて、頭に浮かんだひとつのアイデアを提案してみました。

『……プラザ自慢の宴会場が使えないのは痛い。また展示会場の施設だけを比べると他にもいいホテルがたくさんある。でも、プラザのセントラルパーク側に面した客室からの眺めはニューヨークで最高だ。いっそ二階と三階の客室のベッドや家具を全部運び出して、セントラルパークを背景に靴をディスプレイするというシナリオはどうだろうか。とてもきれいな絵になる気がするけど』

なんと、そのアイデアが採用されてしまったのです。

「新米のくせに生意気だ」

「おまえにプラザの何がわかる」

などとは誰ひとり言いませんでした。それどころか、ショーが成功裡に終わったあと、営業の仲間がパーティを開いてくれたのです。アイデアが採用されたことはもちろん嬉しかったのですが、仲間の感性を大切にするという企業風土に感動し、プラザで働くことに誇りを感じたことを覚えています。

企業活動においては、さまざまな機会に、社員に創造力を発揮する場を与えることが人材育成につながると思います。それを繰り返していくと、自然と判断力やスキルまでもが身についてくるものです。

5 現場社員の声を拾い上げる「グッドアイデアボード」

リッツ・カールトンのなかで、社員が自由に感性を発揮するための仕組みのひとつとして機能しているのが「グッドアイデアボード」です。

各セクションの休憩所には、グッドアイデアボードと呼ばれるフリップチャートが置いてあり、そこにスタッフが気がついたことを何でも書き込めるようになっています。たとえば、

「○月△日　高野　カリフォルニアワイン協会に提出する企画書をワインボトルに入れてみてはどうでしょうか」

「○月×日　高野　こんどのドッグショーに参加するワンちゃん用に、専用の宿泊カードを作りませんか。飼い主の方にも、いい思い出になると思います」

など、思いついたことをとにかく書くのです。これは誰が書いてもかまいません。入社間もない新入社員が書いてもいいし、アルバイトのスタッフでもいい。大切なのはアイデアを出すことですから、誰が書いたかは問題ではありま

せん。

　お客様からの苦情に対するアイデアなど、緊急性の高いものはすぐに検討されます。そうでないアイデアも三日ごとにまとめられて検討され、良いものであればすぐに実行に移されます。

　面白いことに、グッドアイデアボードから採用されるアイデアで目立つのは、キャリアの浅い社員が書いたアイデアです。

　若い社員のアイデアが多いというのは、おそらくベテラン社員に見えていないものが見えるからだと思います。同じ環境のなかにいると、人はどうしてもその環境に慣れてしまいます。たとえばカーペットが汚れていても、見慣れてしまうと、いつしか汚れが模様に見えてくる。新入社員はこのような慣れがありません。フレッシュな感性でホテルを見ることができるので、素直に汚れを汚れと認知できるのです。

　若いスタッフは、ベテランの私たちがもう見えなくなってしまったものを見る感性を持っています。会社はそれを企業内の枠やルールのなかに閉じ込めるのではなく、むしろ積極的に引き出してあげる必要があるのです。

6

単純に思える仕事もビジョンを持てば成功に結びつく

ホテル業界では、レストランでお客様が食べ終わった皿を片づける人をバスボーイといいます。一般的にバスボーイはスチュワード（皿洗い）と同じく、料飲部門の新人やアルバイトの仕事として位置づけられています。私もスタッフトラー・ヒルトン時代に四カ月間ほどバスボーイを経験しました。

裏方仕事のバスボーイは、はたして感性を発揮する必要のない仕事でしょうか。じつは違います。新人に下積みだけをやらせるのは良くないと言いましたが、それは無駄な下積みの時間を過ごさせるのがもったいないという意味です。

バスボーイは単純な仕事なのだから、とにかく皿を下げていればいい。そう考えるスタッフは、どの種類のお皿も同じように重ねて運んでしまうでしょう。しかし、意識の高いスタッフはやみくもに皿を重ねるようなことはしません。レストランで使うお皿にはさまざまな種類があり、なかには煮沸をするともろくなって、軽くぶつけただけで欠けてしまう皿もあるのです。

もしお皿が欠けたことにうっかりと誰も気がつかず、そのままお料理を載せてお客様に出してしまったら一大事です。きっとどんな豪華なお料理もたちどころに色あせてしまうに違いありません。向上心の高い人は、バスボーイの仕事からでも何かを学び取り、それをお客様へのサービスになんとか還元しようと考えます。たんなる仕事だからという感覚でお皿を片づけている人とは働く姿勢が違うのです。

同じバスボーイの仕事でも、一年も経つと感性の高い人とそうでない人のあいだに圧倒的な差が開きます。

一方は、毎日運ぶお皿の感触を通して硬さや重さを知り、触っただけでどこのメーカーのお皿なのかがわかるようになります。何も考えていない人は、一年経っても同じ。相変わらず欠けやすいお皿も重ねて運んでいるに違いありません。

どうしてこのような差が開いてしまうのか。もちろん本人の資質の問題もありますが、私は会社が自社のビジョンやミッションをきちんと従業員に理解させているのかという問題が大きいと思います。

ホテルのビジョンを従業員が心から理解していれば、おのずと自分が何をするべきなのかが見えてきます。リッツ・カールトンはお客様に心のこもったおもてなしと快適さを提供するのが使命です。それを本当に心から理解していれば、皿一枚を下げるときでも、自分の感性をフルに発揮して、どんな運び方をすればお客様の快適さにつながるのかを真剣に考えるはずです。

シーツを替える仕事だって同じです。毎日のようにシーツを替えていたら、しだいに織り方や糸の太さの違いがわかるようになってきます。糸の太さは番手という単位で表しますが、六十番手と百番手ではまったく手触りが違い、百番手だと絹に近い感触になります。

普段からお客様に快適さを提供することを意識していれば、こうした知識も自然に吸収し、いずれ自分がシーツを仕入れるポジションになったときに役立てることができるのです。

単純な作業をロボットのようにただこなしていくだけでは、やがて感性は磨耗していきます。しかし、そこに明確な目標やビジョンが加わると、単純な作業も自分の感性を発揮できる仕事へと様変わりします。

従業員の感性を鈍らせてしまうのは、単純作業や地味な仕事ではなく、「ビジョンなき仕事」なのです。

7 毎日の「ラインナップ」(朝礼)が社員を育てる

自社の理念やビジョンを従業員に浸透させるために、多くの企業がさまざまな社員教育システムを開発しています。リッツ・カールトンにもさまざまな教育制度がありますが、もっとも特徴的なのは「ラインナップ」と呼ばれるプロセスです。ラインナップは、セクションごとに毎日十五~二十分前後、仕事がスタートする前に必ず行います。いわゆる朝礼のようなものですが、中身はずいぶん違います。朝礼は社長や上司が一方的に話しますが、ラインナップはディスカッション方式で、司会役が投げかけた質問をみんなで考えて話し合います。

話し合うテーマは「ゴールド・スタンダード」のなかから選ばれ、週単位で変わっていきます。たとえば今週は「クレド」について、来週は「モットー」について話し合いましょう、という具合です。

〝紳士淑女にお仕えする我々も紳士淑女です〟

というモットーについて考える週ならば、

「紳士淑女とは、どういう人のことだと思いますか?」

「あなたは紳士淑女になるためにどんな努力をしていますか?」

「私たちのセクションで、紳士淑女としてできることは何でしょうか?」

といった内容を日替わりで話し合っていきます。


ディスカッションなので、具体的な正解が用意されているわけではありません。ただ、話し合いのなかでそれぞれがテーマの意味を理解して自分のものとして受け止めることができれば、おのずと何をすべきかが見えてきます。

大切なのは、自分の頭で考えるプロセスです。マニュアル化して「ああしなさい、こうしなさい」と教えても、企業理念やビジョンを浸透させることはできません。自社の理念やビジョンは、自分自身に問いかけてもらうことではじめて従業員の血となり肉となり、具体的なサービスへと反映されていくのです。

また、ラインナップは毎日欠かさず行うことに意味があります。どんなインパクトのあるニュースを聞いても、しばらくすればすっかり忘れてしまうのが人間の性《さが》です。理念やビジョンもまた同じです。たとえ数分でも、自分で考える時間を毎日つくる。非常に地味な作業ですが、コツコツこれを繰り返すことによって自社の理念やビジョンが自分のものになっていきます。ちなみに話し合うテーマや質問は、毎週木曜日に本社のクオリティー・セクションから各ホテルや営業所に一週間分がまとめて送られてきます。

その一番上に書かれた「今日のベーシック」は、週替わりではなく日替わりです。ベーシックは一番から二十番まであるのですが（72ページ）、一日ひとつずつ読んで、その日はそのベーシックをとくに意識して仕事をします。

これも理念やビジョンを具体的な行動として習慣化させる仕組みのひとつです。ホテルの現場では三百六十五日欠かさずラインナップが行われるので、ひとつのベーシックを年に十八回も読む計算になります。

ベテラン社員はもう耳にたこができているかもしれませんが、それでもあえて繰り返すことが心からの納得につながります。

社員教育は、たとえるなら社員の心のなかに山道をつくるようなものかもしれません。年に一度しか人が歩かないような山道は、大掛かりに草を刈ったとしてもすぐにまた草が生えて行く手を塞《ふさ》ぎ、歩けなくなります。

歩きやすい道を作るには、毎日繰り返し歩いて踏みならしていくしかない。その作業としての行いが、毎日のラインナップなのです。

8 会社のトレーニングは最小でいい

リッツ・カールトンの人材教育制度やシステムは、どれも優秀なビジネスマンやリーダーを育てるための大変重要な仕組みです。特に社内トレーニング機関であるリッツ・カールトン・リーダーシップセンターは、全米でも非常に高い評価を受け、今や外部からの企業研修が大半を占めるまでになっています。

しかし、入社したスタッフにリッツ・カールトンが伝えるのは、ビジョン、ミッション、企業哲学といった、基本的な部分のみなのです。教育に際して時間を費やしているのは、仕事に対する考え方やスタッフとしての心構えだけで、具体的なスキルやマナー研修などはむしろ少ないほうです。

それにも関わらず、お客様に満足度の高いサービスを提供できるようになっていくのは、従業員一人ひとりの向上心の高さと、それを育む職場環境の相乗効果だと思います。どうすればリッツ・カールトンの理念や哲学を具体的なかたちに表わすことができるのか。そのためには、どのようにして従業員全員の感性を高め、価値観を共有することができるのか。自らの行動と考え方を、『感性の羅針盤』であるクレドに照らし合わせて紡《つむ》ぎだしていくという環境が整っているのです。

リッツ・カールトンでは、採用の段階で応募者の人間としての資質を重視しています。品格、協調性、集中力などですが、向上心もまた、とても大事な要素となります。向上心の高さは、ビジネスにおいてプロフェッショナルの条件ともなるからです。リッツ・カールトンの入社後の研修が最小であるということも、従業員が一定の基準をクリアしているという前提のもとに成り立っているといえるでしょう。

ところが、もしも経歴や学歴が優先されて、人格のチェックがおろそかにされると、教育に多くの時間とエネルギーを費やすことになります。しかも、教育やマニュアル研修ですらも、会社側が期待する結果が表れない……。

本来、会社側が提供する研修や教育というのは基本的なものであり、そこから先は各自の向上心やキャリアパスに沿って、リーダーシップ研修などの個別プランを作成していく。

それがリッツ・カールトンの目指す、理想的な人材育成の姿なのです。

9 目指す年収の五パーセントを自分に投資する

私はアメリカにいた時に、さまざまなキャリア研修や自己啓発セミナーに参加しました。そのうちのいくつかは日本にも紹介され、大きな成功を収めているようです。そこではリーダーとして成功するための自己投資について、次のように勧めていました。

「年収の五パーセントを自分への投資にあてなさい」

もし年収五百万円の人なら二十五万円、年収一千万円の人なら五十万円を自分の成長のために投資せよというのです。

ところが私がリッツ・カールトンで出会ったメンター（師匠）のひとり、レオ・ハートのアドバイスは少し違いました。彼は元プロ・フットボールの花形選手からホテル業界に転身したという、変わった経歴の持ち主でした。当時はマーケティングの副社長で、シドニーのリッツ・カールトンを立ち上げるため、現地の開業準備室で三カ月間一緒に仕事をしました。毎日早朝にオペラハウスの近辺を一緒にジョギングするのが日課でしたが、彼は、ある朝、ゆっくりと走りながらこう言うのです。

「タカノ、君は自分のキャリアパス（人生設計図）をちゃんと意識しながら働いているか。どの分野でもいい。本当に成功したいのであれば、目指す収入の五パーセントは自分に投資するくらいでなくてはだめだ。それと、もっともっとセンス（感性）を磨くことだ」

つまり現在の年収の五パーセントではなく、目標とする年収の五パーセントを自分への投資に回しなさいと勧めているのです。

今の年収の五パーセントを投資するというのは、現在のキャリアを維持するために必要な投資。それに対して自分自身を磨き、より高みの成功に導くためには、まず目指す収入目標を明確に決めること。いまの年収五百万円を倍にすると決めたら、一千万円の五パーセントである五十万円を自分の成長のために、いま投資をするということなのです。まさに目からウロコとはこのことでした。

レオ・ハートと出張に行くと、空港に降り立ってからホテルや訪問先に到着するまでに、道路わきの大型看板を全部覚えさせられるのです。そして次の営業会議までに宣伝を出していた企業の業績を調べてレポートにしなくてはならない。これなどは、彼一流のマーケティングセンスの磨き方だったのでしょう。

いつでもどこにでも感性の刃を研《と》ぐ機会がある。タクシーに乗っている時間の使い方ひとつでも、創造力、判断力などの感性に大きな差が出てくるのです。

また、彼はいつもたくさんの本を読むこと、質の高いセミナーに参加して、多くの人と出会うことを強調していました。ホテルマンとしての感性を磨くための投資としては、美術館で本物の絵や彫刻に触れる、あるいは話題のオペラやミュージカル、演劇の舞台を観たり、年に一度はこれまで行ったことのない土地を訪れる、メンターをたくさん探して、ビジョンの高い人たちと時間を共有する、など等。

自らの経験から、スポーツなどで快適な汗を流すことは、心の健康にとっても大切なことであると力説していました。

投資というとおおげさに考えがちですが、自分にあった方法で、心や感性が豊かになるものに集中する習慣を身につけるということなのです。

第6章

リピーターをつくるブランド戦略

1 トップ五パーセントの感性を大切にする

リッツ・カールトンのブランド戦略は明快です。トップ五パーセントの顧客層をコアターゲットにする。トップ五パーセントというのは、経済的な余裕や社会的な地位を含めてトップグループに入る方々を指しています。

ただ、このブランド戦略を次のように誤解される方もいるようです。

リッツ・カールトンは、お金持ちでないと相手にしてくれないのではないか、一般の人には敷居が高いホテルなのではないか……。

それは大きな誤解です。リッツ・カールトンが目指しているのは、

「トップ五パーセントの方にサービスを提供する」

ということではありません。私たちは、

「トップ五パーセントの方の感性を満足させるようなサービスを提供する」

ということを目標にしているのです。

この二つは似ているようで、意味が大きく違います。前者はトップの方に限

ってサービスするという意味ですが、後者には、多くの方にトップの方が満足するような感性に触れてもらいたいという意味が込められています。ターゲットと市場の反応は違います。

実際、リッツ・カールトンにはさまざまなお客様が来てくださいます。普段はビジネスホテルに泊まっているが、たまにはラグジュアリーな雰囲気のなかで心の洗濯をしたい。あるいはこれまで知らなかったＶＩＰのライフスタイルに触れて、自分に刺激を与えたい。

ブランドの使命は、お客様への約束を裏切らないことです。リッツ・カールトンというブランドでもそれは同じことです。感性豊かなサービスを期待して泊まられたのに、普通のホテルと変わらなかったというのでは、二度とお泊まりいただけないでしょう。リッツ・カールトンには、ブランドとして約束していることをお客様に提供しつづける義務があるのです。

トップ五パーセントというのは、いわば私たちが提供するサービスレベルのベンチマーク（目標とする基準）だととらえています。トップグループの方に満足していただけるサービスができれば、すべての方の期待にもきっと応えられる。そういう意図の下に私たちは感性やサービスの技術を磨いているのです。

2 第二ブランドではなく、他ブランドとコラボレートする

ブランドは、お客様との約束を守り続けることによって形作られるものです。イメージやサービスの質などがころころ変わっているようでは、ブランドとして世間に認知されることはないでしょう。

その意味で、非常に難しいのが〝第二ブランド〟という考え方です。

たとえば大人のための一流ブランドが、若年層を取り込むために手ごろな価格帯の第二ブランドをつくったとします。もとのブランドには何の変わりがなくても、第二ブランドが登場したことで消費者が抱くイメージが変わり、世間的なステータスは変化するかもしれません。

また競合企業の低価格ブランドに対抗するために第二ブランドを立ち上げたはずなのに、自社の第一ブランドの顧客が第二ブランドに流れてしまうという現象も起こりえます。

せっかく新しいお客様を獲得しても、従来のお客様の信頼を失うようであれ

ば、それもまた意味がありません。第二ブランドをつくるというブランド戦略は、一時的に顧客が増えることがあっても、長い目で見れば第一ブランドの生命力が弱まり、結果的にはマイナスに作用する可能性が高いのです。

リッツ・カールトンは、たとえば〝プチ・リッツ・カールトン〟のような第二ブランドをつくるつもりはありません。料金を低く設定するためにサービスのグレードを下げてしまうと、感性を磨くステージをお客様に提供することが難しくなります。それができなければ、たとえ第二ブランドに同じ名前がついていたとしても、それはもはやリッツ・カールトンではありえないのです。

ただ、じつはリッツ・カールトンにも別ブランドがひとつあります。それが二〇〇四年にスタートしたばかりの「ブルガリ・ホテル・アンド・リゾート」です。

このホテルは緑に囲まれた広々とした場所に建ち、ミラノの中心地にありながら静かで優雅な気分が満喫できます。建物や内装のデザインはブルガリが担当し、オペレーションはすべてリッツ・カールトンが行うという、センスあふれる空間に仕上がっています。

このホテルがいわゆる第二ブランドと大きく違うのは、ラグジュアリー・ライフスタイルブランドであるブルガリとパートナーシップを組んで運営している点です。ラグジュアリーブランドにおいては、第二ブランドは相当慎重に行わないと自殺行為になりかねませんが、他ブランドとのコラボレーションは、むしろお互いにブランドの信用力を高める相乗効果が期待できるのです。

もちろんそのためには同じ感性を持つパートナーを選ぶことが大切です。リッツ・カールトンとブルガリは、顧客層が重なるだけでなくお客様に提供する感性が非常に近かった。このコラボレーションは、お互いのブランドにとって大きなプラスになると思います。

別ブランドの立ち上げを検討する場合、コンセプトの違う第二ブランドではなく、同じ感性を持つ他のブランドとのコラボレーションも選択肢に入れる価値はあるでしょう。

3 歯医者さんがリッツ・カールトンのライバルになった？

私が日本に戻ってからずっと通っていた歯医者さんに、久しぶりに診察を受けにいって驚かされました。病院を改装したことは聞いていたのですが、すっかりイメージが変わってしまい、とても歯科医院には思えなかったのです。

内装がお洒落《しゃれ》になっていただけではありません。医療系特有の薬品の匂《にお》いもしないし、歯を削るときの「ウィーン」という耳障りな音もしない。その代わりに聞こえてきたのはオルゴールの音色でした。

また看護師さんや受付の方の応対も、じつに気持ちが良いものでした。普通は病院に行くとお客様は患者として扱われますが、ここではゲストとしてきちんと応対してくれます。おかげさまで、歯が痛くなくてもまたここに来てくつろぎたいと思わせるような、心地良い時間を過ごせました。

しかし、喜んでばかりはいられません。

これだけ快適に過ごせるということは、歯医者さんもリッツ・カールトンのライバルになったということです。リッツ・カールトンに宿泊するはずだったお金を、この歯医者さんで歯をきれいにするために使おうと考えるお客様がいても不思議ではないのです。

最近、他の業界の方とお話ししていると、どの業界も「ホスピタリティ」を強く意識していることに気づかされます。ある自動車メーカーの方は、「私たちは車ではなく、車を運転するときのわくわく感や快適さを売っている」とおっしゃっていました。

この考え方は、リッツ・カールトンは宿泊産業ではなくホスピタリティ産業である、という私たちの理念とまったく同じです。そういう意味では、この自動車メーカーも同じホスピタリティ業界のなかで競い合うライバルなのです。

いまやリッツ・カールトンの好敵手は、他のラグジュアリー・ホテルだけではありません。ホスピタリティという切り口で見れば、わくわく感を満喫させてくれるスポーツセダンも、心身ともにリフレッシュできるエステサロンも、ステータスを与えてくれる高級時計も、みんな私たちの競争相手です。

そして他業種と同じ土俵でしのぎを削りあうことになると、ライバルが増える一方で、業界の枠を超えてコラボレートするチャンスも広がったといえます。

先ほど紹介した「ブルガリ・ホテル・アンド・リゾート」もその一例ですし、アメリカのリッツ・カールトンでは、ベンツと組んで宿泊とレンタカーをパッケージしたプランを販売しています。

このようなコラボレーションができるのは、たとえ業界が違っても、ホスピタリティという共通項があるからです。ホスピタリティの精神を共有できるなら、私たちが歯医者さんと提携することにも大きな意味があります。

それはすべてブランド戦略にかかっています。

4 感謝されるサービスがブランドの価値を高める

ディズニーランドのリピーター率は、なんと九十%以上を誇っています。まさに世界最強のブランドといってもいいでしょう。リッツ・カールトンが宿泊業ではないのと同じく、ディズニーは遊園地でも、テーマパークでもなく、訪れた人たちとそこで働くスタッフたちの〝心の細胞を元気にするブランド〟です。目指していることはただひとつ。お客様に幸せになっていただくこと、つまり楽しい笑いがあふれるライフステージを提供すること。それを実現するのがディズニーマジックを生み出す、感性豊かなマジシャンたちなのです。

ラグジュアリー・ライフスタイルのブランドの確立を目指すリッツ・カールトンは、ディズニーからもさまざまなことを学び、吸収してきました。

「市場のニーズをきちんと吸い上げてブランド戦略を立てよう」

営業・マーケティング会議などでよく聞きそうな言葉ですが、この考え方には落とし穴があります。まず、市場にはニーズなどないということ。あるのはひとり一人のお客様のニーズと感性だけです。市場のニーズといった瞬間に、実はお客様の顔が見えなくなり、感性の交流が途絶える危険性があります。ディズニーとリッツ・カールトンの共通点は、ひとり一人のお客様に目を向け、つねに感性を磨くステージを提供しているという点です。

また、現代のように価値観が多様化し、提供されるモノ、サービスがあふれてくると、お客さまのニーズを満たすというレベルでは、心の充足感、満足につながらなくなってきているのです。さらに極論すると、お客様自身でさえ気づいていないニーズがたくさんあるということなのです。

お客様がホテルに求めているニーズが百パーセント満たされた場合は、一応ご満足いただけます。提供されたサービスが百パーセントに満たない場合、当然ながらお客様は「不満」を感じます。

リッツ・カールトンにとってブランドとは「約束」を意味します。

すべてのブランドは、それを購入するときに、お客様のなかで期待値が設定されます。ラグジュアリーブランドであればあるほど、その期待値は高くなります。この期待値がブランドとしての約束なのです。それが百パーセント満たされた場合は、お客様は満足してくださいますが、それは、お客様との約束を果たしているレベルに過ぎません。かつてはそれだけでもブランドとして通用した時期がありました。しかし、そのレベルでの競争に敗れ、あるいはほかの理由で、企業が次々と淘汰されて市場から退場したいま、お客様のニーズを満たすだけでは他の企業と差別化はできなくなりました。

では、市場において圧倒的に強いブランドを確立するためには何が必要なのでしょうか。それは、お客様に「満足」していただく百パーセントのサービスを超えて、「感動」を生み出すホスピタリティの舞台にステップアップするということです。心がワクワクするディズニーマジックのように……。

リッツ・カールトンでは、ニーズの先にあるもの――それを「お客様が言葉にされない願望やニーズ」と呼び、それを先読みしておこたえすることを使命にしています。お客様ご自身が想像すらしていなかったサービスを提供することで感動を引き起こす。ディズニーマジックに対して、これは「リッツ・カールトン・ミスティーク」と呼ばれています。

また感動を持続させることで、さらに一段上の「感謝」へと進化していく可能性があります。

たとえば、ネイプルズのリッツ・カールトンでのプロポーズを例にとって見てみましょう（40ページ参照）。

・不満…お客様のニーズが満たされていない状態
（例）ビーチチェアが海水で濡れていて、砂がついたまま。
・満足…お客様のニーズが満たされている状態
（例）ビーチチェアが一脚きれいに拭いて残されていた。
・感動…お客様の言葉にされないニーズが満たされている状態
（例）テーブルの上にはシャンパンとお花、ひざをつくためのタオル、そしてタキシードに着替えたスタッフの出迎え。
・感謝…お客様の感動がその後も続く状態
（例）毎年プロポーズ記念日にはスタッフから手紙が届く。また五周年、十周年には総支配人から招待状が届く。

このように、「満足」から、「感動」「感謝」のレベルを目指して初めて、サービスを超える瞬間がおとずれ、お客様に愛されるブランドへと育っていくのです。

5 良いブランドはリピート率・紹介率が高い

企業活動において永遠の課題は、生涯顧客をいかに増やしていくかということでしょう。その手法は時代とともに変わってきました。かつては、商品の質の高さが絶対条件でした。それだけで競争力があったのです。

それが、品質やデザインにはほとんど差はなく、しかもマーケットの価値観が多様化しているといった時代になると、競争原理そのものが大きく変わらざるをえない。そこで注目されてきたのが、サービス産業における、ホスピタリティ精神、つまりおもてなしの心です。

いまやホテル、百貨店、レストランや美容院といったサービス産業だけでなく、自動車産業や家電業界などの製造業においても、また歯医者さんや病院などにおいてすらホスピタリティという言葉が聞かれるようになりました。

ブランドとしての確立を目指す企業にとって、提供する商品とホスピタリティの融合は不可欠のものになっているのです。

さて、自社のブランドにどれだけの競争力と価値があるかを量るのに、リピート率やリファーラル（お客様からのご紹介）率があります。

ブランド力の高い商品やサービスには、必ずリピーター（固定ファン）がつくものです。このリピーターが生涯顧客の予備軍です。大阪のリッツ・カールトンではリピート率は約五十パーセント。約半数のお客様がもう一度リッツ・カールトンを利用していただいていることになります。この数値を同業他社の数値と比較すると自社のブランド力を判断する目安になります。

そしてもうひとつがリファーラル率です。いわゆる口コミ宣伝です。リッツ・カールトンの顧客の方が、初めてのお客様にどれくらいご紹介していただけたか。この数値を見ることで、ブランド力を推し量ることもできます。リファーラルの件数が多いのは、お客様の満足度が高く、ブランドに対しての信頼度が強いからにほかなりません。

リピート率やリファーラル率はコツコツとした地道な活動のうえに表れるものです。そしてそれが企業の目指す生涯顧客の創造へとつながっていくのです。

6
ブランドを確立させる従業員の品格とは

リッツ・カールトンではブランドを〝約束〟と定義しています。

クレドには、お客様に心のこもったおもてなしをすること、心温まる、くつろいだ、そして洗練された雰囲気をお楽しみいただくこと、お客様が言葉にされない願望やニーズを先読みしてお応えすること、などがお客様への約束として明記されています。

この約束を守ることで、ブランドの構築へとつながっていくのです。

そして、その約束を現場において遂行しているのが、リッツ・カールトンの紳士淑女、つまり一人ひとりの従業員です。当然、紳士淑女たちには、ブランドを代表する人格と品格（ディグニティ）が求められます。

では、ここで言う品格とはどういうものでしょう。

わかりやすく言うと、たとえば中学生のころ、学級委員を決めるときに、なぜかいつも会計係に指名される生徒。

「あいつならお金を誤魔化したりせずちゃんと管理してくれそうだ」

ポイントは、「誤魔化したりはしなさそう」という点です。実際にはお金を誤魔化すような子どもはいないでしょう。それにもかかわらずいつも同じ子どもが選ばれるというのは、普段の発言や行いのすべてが「誤魔化したりしなさそう」という雰囲気に結びついていたからなのです。

品格とは、このように長い間の生活態度や言動などから、自然に形成されてくるものなのです。思いつきで一日だけ奉仕活動をしたとしても、急に人格が変わることはないでしょう。毎日の地道な繰り返しと積み重ねの上にしか品格は表れてこないのです。

では、なぜ紳士淑女たちの品格がリッツ・カールトンのブランドにつながっていくのでしょうか。

ご宿泊で、お食事で、あるいはご宴会でと、お客様が来館される理由はさまざまです。ホテルのスタッフは、いろいろな場面でお客様と接することになります。そのときお客様は、まさにリッツ・カールトンのブランドと相対しているのです。紳士淑女の品格とリッツ・カールトンのブランドが重なる瞬間です。

会社のブランド戦略云々よりも、お客様にとっては目の前の紳士淑女がブランドのすべてです。そういうことからも、リッツ・カールトンが人格を優先して人材を選択しているのには深い意味があるのです。

スキルは磨くことはできても、人格を鍛えたり変えたりすることは非常に難しい。人格それ自体が才能のひとつであり、ダイアモンドの原石を掘るように探し出して、今度は企業哲学・理念という研磨機にかけて品格に仕上げていくのです。

第7章

いますぐ実践したい〝本当のサービス〟とは?

1 サービスは「ジャムセッション」の精神から生まれる

サービスを提供する人は、オーケストラの演奏者か、それともジャズプレイヤーのどちらを目指すべきだと思われますか？

オーケストラの魅力は、なんといってもシンフォニーです。ピアノやバイオリン、クラリネットなど、各楽器の音がクラシックの理論のなかで見事に調和して、美しいメロディを奏でていく――。

このシンフォニーを生み出す基本は正確さです。まさにすべてが計算された秩序のある世界です。

一方、ジャズにおける秩序は少し違います。楽譜通りに弾くよりも、むしろいかにして自分の世界を表現するかというところに主眼が置かれます。それゆえにジャムセッション（即興演奏）では感性のぶつかり合いが起きます。全体としてどんな音楽になるのかは、そのときになってみないとわからないというアドリブの世界です。

このように特徴を述べると、ホテルにはオーケストラタイプの人のほうが相応しいと考える方が多いかもしれません。しかし、実際にサービスの現場ではアドリブが必要とされ、役に立つのです。

サービスの場合は、ホテルマン一人ひとりが楽譜を正確になぞるようにマニュアル通りの対応をしても、オーケストラのような美しいシンフォニーを生み出せないのです。

たとえばベルマンがお部屋までご案内したとき、お客様が、

「今年の冬はきついね、空気が乾燥していて喉《のど》が痛いよ」

といって軽く咳《せき》をされたとします。オーケストラタイプのベルマンなら、お客様の体調が悪いときのマニュアルを思い出して、

「お気をつけてくださいね。もし体調を崩されたらすぐフロントにご連絡ください。お薬も用意してありますから」

と答えるでしょう。そのあとお客様がほんとうに体調を崩してフロントに連絡したら、おそらくフロントのスタッフもマニュアルに従って市販薬を届けるに違いありません。

しかし、このようにスタッフ一人ひとりがマニュアル通りに自分の仕事をこなしたとしても、お客様からすれば当然のことに過ぎず、そこから驚きや感動は生まれないのです。

もしスタッフがジャズプレイヤータイプなら、どうなるでしょうか。

ベルマンはお客様をお部屋に案内したあと、すぐに自分の持ち場に戻らずに、ハウスキーパーやルームサービスに連絡を入れるかもしれません。それを受けたハウスキーパーはお客様に加湿器を届けるかもしれないし、ルームサービスがお届けするウェルカムドリンクは、オレンジジュースからハーブティに変わるかもしれません。まさにサービスのジャムセッションです。

ジャムセッションの結果がどのような形のサービスになるのかはわかりませんが、誰かのアドリブに誰かが応じることで、お客様の想像を超えたサービスが生まれ、それが感動を引き起こす可能性は高い。それができるのは、マニュアル的なサービスを超えた瞬間なのです。

ここで注意すべきは、アドリブは、基本となるマニュアルをしっかりマスターしたうえで行えるものだということです。

一流のジャズピアニストはオーケストラでも立派に演奏ができますし、抽象画で有名な天才画家・ピカソは驚異的なデッサン力を持っていたといわれています。アドリブで瞬間にサービスのシナリオを描くためには、まず基礎となるマニュアルを習得することが前提条件です。

そのうえで、それにいかに縛られずに自分の感性を発揮するか。

その感性が他のスタッフの感性と呼応したとき、きっと最高のおもてなしが生まれるに違いありません。

2

みんな最初は接客が好きだったはずなのに……

あるとき私のワイフが、あるファミレスに女友達数人とランチを食べにいった時のこと。

席に案内してくれたのは二十歳くらいの女性店員で、胸のバッジには見習いと書いてあります。新入社員なのでしょう。慣れないながらも接客が心から好きな様子で、じつに気持ちのいい笑顔でオーダーを取っていきました。

大勢でランチをするとき、男性はわりと同じものをまとめて注文しますが、パワーあふれるご婦人たちは、それぞれが口々に好きなものを注文したそうです。全員、料理はもちろん、飲み物やデザートもばらばら。それでも彼女は笑顔を絶やすことなくオーダーを取っていきました。

ワイフが驚いたのは、料理が出てくるときでした。六人とも違う料理を頼んだのであれば、いつものように、

「本日のランチAのお客様は……?」

「スパゲッティのお客様は……？」

と聞かれそうなものです。ところが、彼女は一度も聞くこともなく、相変わらず笑顔で、すべての料理を間違えず並べていった。これにはワイフも感心してこう言っていました。

「女はね、話が盛り上がっているときに、『この料理はどちら様ですか』なんて言われると、話の腰が折られたようで嫌なのよ。あのコは私たちの会話の邪魔をしないように、そっと料理を出してくれた。しかもひとつも間違わずに。いまどき珍しいわよ。リッツ・カールトンにスカウトしちゃいなさいよ」


ところが、約二年後、久しぶりにそのファミリーレストランに行ったワイフはがっかりした様子で帰ってきました。あの時の彼女は、いまやベテランになって、態度がすっかり変わっていたのだそうです。

マニュアル的な口調でオーダーを取り、料理を出すときもいちいち聞きながら置いていく。客の会話が途切れようがお構いなしです。

「だから、あなたが二年前にホントにスカウトしておけば良かったのよ」

と私まで責められる始末でした。

入社当初は本当にいい笑顔を持っていた人が、いつのまにか表情が乏しくなり、マニュアル的で血の通わないサービスしかできなくなる。これはいったいなぜでしょうか？

単純に、忙しくて精神的にも体力的にも疲れてしまったというケースもあるでしょう。しかし、それならば大きな問題ではありません。休養すればまた熱意が戻ってきます。

私がもっとも厄介だと思うのは、いつの間にかお客様と共鳴することを忘れ、会社のルールにそって仕事をするようになってしまったケースです。慣れないころはお客様の会話をさえぎらないような心配りをしていた店員さんも、先輩社員がお客様にいちいち確認しながら料理を置いていくのを見て、

「なんだ、それでいいんだ」

と思ってしまう。あるいはマニュアルでそうするように指導されたのかもしれない。会社のルール優先で仕事をするうちに、お客様のことを第一に考える感性が少しずつ錆《さ》びてしまったのかもしれません。

ある居酒屋チェーンには、お客様が帰るときに、

「大きな声で元気良く『ありがとうございました』とお礼を言いましょう」

というマニュアルがあるそうです。大変良いと思いますが、実際にお店では、

「ありがとうございました！」

と大きな声だけ出して、目も合わせない店員さんが少なくありません。彼らも、最初はお客様の目を見てきちんとお礼を言っていたのでしょう。ところが仕事が忙しくなってくると、「声に出してありがとうと言う」というマニュアルを守ることだけで精いっぱいになり、おもてなしの心を忘れてしまう。これはとても悲しいことだと思います。

人に喜んでもらうのが好きだから、みんなサービス業界に入ってきたはず。それを会社都合のシステムやルールで縛ってしまっては、サービスの本質が見失われてしまう。それではお客様を感動させることはできないし、だいいち従業員が楽しく働くことができないと思うのですが……。

3 感性の高いドアマンは一度に三方を見る

ホテルのクオリティは、玄関に立つドアマンの様子を観察すればある程度は見当がつきます。

ドアマンはお客様がホテルに到着されたときに最初に言葉を交わすスタッフで、まさにホテルの顔としての役割を担っています。そのためホテルの中でも優秀な人材をドアマンに登用しているケースが多いようです。したがって彼らの感性が低ければ、ホテルのクオリティも同様に低く思われてしまうこともあるわけです。

では、具体的にドアマンのどこを観察すればわかるのか。お客様を温かくお迎えする表情や、立ち振る舞いはもちろんですが、もっとも注目するのは視線の配り方です。優秀なドアマンは、つねに三方に感性のアンテナを張りながら視線を動かしているのです。

まず玄関のロータリーで出入りする車の動き、歩いて来館・退館されるお客様の動き、そして正面玄関を通過するお客様やホテルスタッフの動き。彼らはつねにこの三つを視線の中に捉《とら》えて仕事をしています。

ご宿泊のお客様なのか、レストランのご利用なのか、結婚式などの宴席に参加されるのか、可能な範囲で判断してお出迎えやお見送りに備えます。

車であれば、どの会社のどなたなのかを判断してお迎えします。ドアマンは、よくご利用になられるお客様のお顔とお名前、車種やナンバーはほとんど覚えているものです。車のドアが開いてから考えるのでなく、車が見えた瞬間から記憶の糸をたぐり始めるのです。

もちろんお出かけになるお客様にも、お迎えの車があるのか、タクシーを使われるのか、それとも歩いていかれるのかを、つねに考えながら対応をします。

このようにドアマンは視線の先でさまざまなものをとらえ、お客様が心地良くホテルを利用できるように配慮しています。ただ立っているように見えても、じつはその間も目と頭はフル回転しているのです。

なぜ優秀なドアマンにはそれができるのでしょう。

じつは、彼らは自分の業務シフトに入ると、まずこれから勤務する八時間の間に起こりうることを何通りかシミュレーションするのです。宴会や会議の状況、宿泊予約の状況、レストランのプロモーション、その日の天候、これらを考慮して、車や人の流れを何通りか頭の中で想像するのです。そうすると、どんな準備が必要かが見えてきます。つまり起こりうる事態を、すべて想定内のことにしておけばいいわけです。

たとえば、大阪のリッツ・カールトンの簡単なシミュレーション。

…宴席は五件で二件は地方出身者同士の婚礼。今日は小雨が降っている。結婚式出席のため田舎から出てきた年配のご夫婦がいたら何が起きうるか。晴れ着を雨で台無しにしたくないだろうから、当然大阪駅からリッツ・カールトンへタクシーで来館されるだろう。新幹線の中で前祝いにビールを開けたりして小銭の持ち合わせがない可能性もある。大阪駅からリッツ・カールトンまではワンメーター。タクシー運転手が一番嫌がる距離。もし到着したお客様が、一万円札しかお持ちでなかったら、きっと運転手とひともんちゃくあるだろう。ではどうすればいいか。……そうだ千円札を十枚、束にして、何セットか内ポケットに用意しておこう……もめそうな気配を感じたら、「両替ですか」といって差し出せばいい。そうすればどちらも気持ちよく収まるに違いない。

現場に出た彼の内ポケットには、新札の千円札十枚の束が、四、五セット収まっているはずです。一方、感性が低いドアマンの対応は、すべてが後手後手になります。お客様に宴会場の場所を聞かれてから、今日の宴会リストを調べ始める。タクシーの中で、運転手がお客様に向かって一万円札を振りながら、大声で何か言っているのに何も気がつかない、など。

どちらのドアマンの目にも、同じものが映っているはずなのです。同じものを見て、そこから何かを感じる人と、ただ見ているだけで何も感じない人がいる。そのような差が生じるのは、感性の違いであると思うのです。

お客様のお皿が空になっているのに、気づかずに素通りしてしまうウエイター。デパートで、お客様の好みを伺ってから商品を勧める店員と、マニュアル通りに店のおすすめ商品を勧める店員。

商談の席で、お客様がしきりと時計を気にする様子を見て、早めに次のステップを提案する営業マンと、だらだらと話し続ける営業マン……。

同じ状況でもこうした差がでるのは、感性のレベルが違うからではないでしょうか。サービスのクオリティを高めるためには、まず自分の想像力を高める訓練が絶対に必要です。そうして想像力が鍛えられると、判断力も養われ、自然と高い技術やスキルが身についてくるのです。

4 心からのおもてなしは、お客様に愛情を示すこと

ホスピタリティとは、心からのおもてなしをするということです。心というと抽象的でイメージが湧きにくいので、もう少しわかりやすく、ホスピタリティとは、お客様に愛情を示すことである、と言い換えてみます。

私がそのことを改めて考えたのは、神奈川県・葉山ハートセンターの須磨久善先生から聞いたお話がきっかけでした。須磨先生は世界的な心臓外科医であり、現在は財団法人・心臓血管研究所のスーパーバイザーを務められていらっしゃいます。

卓越した心臓外科医に必要なものは何かというテーマでお話を伺っていたとき、先生は次のように話してくださいました。

「最初に必要なのは圧倒的なイマジネーション（想像力）の力。五時間以上かかる手術を、最初から最後まで頭の中で瞬時にシミュレーションできなくては

いけない。次にそこで想定される問題に対するジャッジメント（判断力）の力。そして、実際の手術に必要なテクニカルスキル、これらはすべてが優れていなくてはいけない。しかし、もっとも必要なのは、それらをすべて足して、さらに十倍にしたくらいの愛情なんです」

私はこの言葉を聞いて身が引き締まる思いがしました。まさに私たちのようなサービス業に従事する者に対しての言葉に思えたからです。

サービス業はお客様をおもてなしする仕事です。そのためにはサービスの技術はもちろんのこと、お客様の言葉にならない願望を想像し、それを満たすために何をするべきかを判断する力が求められます。

しかし、まずは人が好きであること、人を愛することができること、これが根底になくては駄目だと須磨先生はおっしゃっているのです。

とくにホテル産業は、病気になれば必ず行く病院と違い、お客様はホテルを使わなくてはならない、ということはありません。もし心臓外科医に技術や能力の十倍の愛情が必要ならば、ホテルは百倍の愛情をお客様に伝えて初めて使っていただけるのでしょう。

須磨先生はさまざまな形で愛情を表現されています。まず葉山ハートセンターの設計に非常にこだわったといいます。

病院といえば白く冷たい建物が思い浮かびますが、葉山ハートセンターはレンガ造り。待合室や病室の窓は大きく、日光が差し込むように設計されています。病院特有の薄暗さや薬品の匂いもまったくなく、まるでリゾートホテルのような造りです。

そのせいか、紋付袴《はかま》に身を包んだ男性が近くのホテルと間違えて、

「式の会場は何階ですか？」

といって駆け込んできたこともあったそうです。

私がもっとも感心したのは屋上でした。安全を理由に立ち入り禁止にしている病院も多いのですが、葉山ハートセンターの屋上は患者さんやその家族が自由に出入りできます。絶好のリハビリ・スペースになっているのです。近くには葉山御用邸の緑が広がり、晴れた日には湾を挟んで富士山がその雄大な姿を現します。

実際にそこに立って太陽の光を浴びて、富士山を眺めているだけで、何か内側から自然に力がみなぎってくるのを感じます。須磨先生は、わざわざそういった景色が見られる土地を探して病院を建てられたそうです。

さらに受付に始まって、病室の造りや渡り廊下のお花、お食事にいたるすべてに、患者さんに早く元気になってもらいたいという先生の強い愛情を感じたのです。

ホテルでは、お客様への愛情の表現方法に決まりはありません。今日も一日親切心を忘れないようにしよう、こんな気持ちを持って接するだけでも自然と行動に表れて、それが心からのおもてなしにつながっていくのです。

5 岸元総理から教わった大事なこと

長くホテルで働いていると、ＶＩＰの方々をお迎えする機会を数多く経験します。私にとって印象的だったのは、プラザホテルに勤めていた一九八三年に、岸信介元総理がニューヨークに非公式でいらっしゃったときでした。

国賓級のお客様がホテルにお泊まりになる場合は、その国の国旗を揚げてお迎えするのが通例になっています。しかし、岸元総理がいらっしゃったのは十二月八日。なんとその日は真珠湾攻撃のあった日で、アメリカで日の丸を掲げるのにはもっとも悪いタイミングだったのです。

もし掲げたらホテルにクレームが殺到するのはわかっています。しかし、岸元総理をお迎えするのに国旗を揚げないわけにはいきません。考えに考え抜いたあげく、最終的には岸元総理のお車が到着する二分前に日の丸を揚げ、ロビーにお入りになられた瞬間にさっと下ろしてしまうという離れ業で対応しました。

ところが、たった二分間でも見ている人がいるものです。岸元総理が到着されたときから、クレームの電話が何本か入ってきました。

「プラザホテルは今日がいったい何の日か忘れてしまったのか？　リメンバー・パールハーバーだぞ！」

結局は総支配人がうまく対応してくれて事なきを得たのですが、ＶＩＰをお迎えするのがこれほど難しいことなのかと痛感させられた一日でした。

ただ、私にとってもっとも印象深かったのは、そのあとの出来事です。日の丸を必死の思いで揚げたことを岸元総理がお聞きになり、お部屋に呼んでいただきました。

「何やら大変だったそうだね。悪かったね」

私の顔を見るなり、岸元総理はそうおっしゃいました。

「お礼になるのかわからないけれど、良かったら色紙を書いてあげよう。用意はしてきたかい？」

仲介してくださった侍従医の木村先生から色紙と筆と硯《すずり》を持ってくるよう言われていたので、私はお部屋に伺う前に近くの日本の書店で、色紙を四枚買ってきました。筆と硯は自分の物があったのでさっそくそれを差し出すと、木村先生が驚いた顔で言いました。

「四枚も持ってきたの？　高野君、普通は一枚だよ」

こういうときの常識も作法も知らなかった私は顔から火が出る思いでした。

しかし、岸元総理は、

「大丈夫、大丈夫。四枚書くから」

と優しく笑いながら色紙を書いてくれたのです。それどころか、

「いま奈良の寺に奉納する般若心経《はんにゃしんぎょう》を一万巻、写経しているんだ。それも一巻、あとで送ってあげるよ」

と言ってくださった。一瞬、社交辞令だろうかと思いましたが、それから二週間後、日本から私宛に郵便物が届きました。中を開けると、直筆の般若心経です。濃紺の下地に金の文字で、岸元総理の落款が押してありました。たとえ一瞬でも疑ってしまったことが恥ずかしくてなりませんでした。岸元総理は一ホテルマンに対しても約束したことはきちんと守られていたのです。

6

お客様から学ぶことはいっぱいある

岸元総理が私に、人に対する目線を教えてくださったように、昔はお客様がホテルマンを育ててくれました。

サービスの本質を示唆してくださったり、具体的に足りない知識や技術を指摘してくださったり、ときには人生についての含蓄ある言葉をくださることもありました。また何もおっしゃらなくても、その立ち振る舞いを見ているだけで勉強になりました。多くのホテルマンは、お客様からさまざまなものを学んで自らの感性を磨いていったのです。

学ぶ一方ではありません。ホテルマンの感性が磨かれれば、お客様の感動を引き起こすサービスを提供できます。僭越《せんえつ》な言い方かもしれませんが、感動を引き起こせば、今度はお客様の感性が高まることにつながるのです。

たとえばワインに詳しいお客様とお話しして、いろいろな知識を教えていただいたとしましょう。ワインの奥深さを知ったホテルマンは、刺激を受けてさらに自分で勉強します。なかにはソムリエの世界にめざめて一段上のステージに上がるホテルマンもいるでしょう。このようにお互いがお互いに刺激を与え、感性を磨いていく。まさに理想的な関係がたくさんありました。

ただ最近は、残念ながらホテルマンを育ててくれるような場面が少なくなりました。昔に比べてお客様の感性が鈍ったわけでは決してありません。お客様とホテルマンがお互いの感性をぶつけ合うような接点が減ってしまったのです。お部屋に案内するときも必要最小限の会話しかしない。食事のときも「ごちそうさま」「ありがとうございました」と、短い言葉を交わすだけ。これでは何かを教えていただくチャンスもありません。

では、誰が接点をつくるべきなのか。それはまぎれもなくホテルマンの役目です。お客様にごちそうさまと言われたら、ウエイターは、

「本日の料理はいかがでしたか？　お魚を少し残されているようですが、お気に召さなかったでしょうか？」

と会話を続ければいいのです。そこからどんな感性の交流が起こるのかはわかりません。しかし、最初のアクションがなければ、何かが始まることもないのです。

7 精いっぱいのサービスは、必ずお客様に伝わる

私がプラザホテルからロサンゼルスのボナベンチャーホテルに転勤になって、二週間目のことです。オフィスで仕事をしていると、フロントから急に呼び出されました。何事かと行ってみると、ロビーは日本人の団体であふれ、フロントでは添乗員さんが大声でもめている。

話を聞いてみると、チェックアウトの予定だったヨーロッパからの団体客が、客船のトラブルでホテル待機となり、出発が大幅に遅れてしまったとのこと。そのためお部屋がまだ清掃中で準備ができていないということでした。

予定通りの時間に到着したのにお部屋が用意できていないとなれば、怒るのは当然です。三人の添乗員さんたちも、大切なお客様のために必死です。それが痛いほど伝わってきました。不可抗力の結果とはいえ、長旅で疲れていらっしゃるお客様を見て、気の毒に思わないホテルマンはいません。これは何とかしなくてはと思い、フロントの責任者に頼んで、空いていた最上階のスイート

ルームを六つ押さえました。女性用に三つ、男性用に三つです。そこでお部屋の準備ができるまで二時間ほど、くつろいでいただくことにしました。

スイートで着替えや休憩をしていただくことでお客様も納得してくださいました。続いて、こう提案させていただきました。

「お部屋をご用意できなかったのはホテルの責任です。一階のコーヒーショップが開いていますから、お部屋ができるまでの間、どうぞ何でも自由に召し上がってください。せめてものお詫びの気持ちです」

しばらくしてスイートで着替えを済ませたお客様の多くがコーヒーショップにやってきました。

ボナベンチャーにはリッツ・カールトンのようなエンパワーメントの仕組みがなかったので、コーヒーショップの代金はもちろん私の自腹です。一人十ドルとして、九十人で計九百ドル。当時の私には痛い出費でしたが、それでお客様の気持ちが済むのであればかまわないと覚悟を決めていました。

ところが、お客様がコーヒーショップで召し上がったのは、なんとたったの三十六ドル。一人五十セントも使っていないのです。

「どうぞ遠慮なさらないでください。ホテルからのせめてものお気持ちですか

ら」といくら勧めても、

「悪いからビールを四人で分けるよ。ちょっと喉が渇いただけだし」

「私たちはお水とジュースだけで充分よ」

と、楽しそうに歓談しながら、軽食さえ注文しようとしないのです。

そこには日本人の美徳であるつつましさもあったのでしょう。ただ、ほんのすこし前まで激しく怒っていたことを考えると、それだけではなかったようです。

ある時、そのときのお客様がお友だちに、

「ボナベンチャーはいいホテルだよ。あそこは誠心誠意のサービスをしてくれる。君も次はぜひ泊まるといい」

と勧めてくださっていたことを知りました。それを聞いたとき、自分ができることを精いっぱいやってよかった、心から相手のことを思えば、きっとお客様に伝わるものなのだと私は確信したのです。

8

お客様から尊敬される人になろう

アメリカのワシントンDCには、さまざまなアソシエーション（組織・団体）の本部があり、そこで数年先までのコンベンションの開催場所が決定されます。それらのコンベンションに参加するVIPたちをリッツ・カールトンに誘致するため、ワシントンの営業所には優秀な営業スタッフがそろっています。

その中でも、ひときわ目立つ活躍をしているのがエレンです。営業ディレクターでもある彼女は、コンベンションに参加するVIPグループの契約を次々にとってくるのですが、その方法には驚かされました。

アソシエーションの幹部との会食に私も同席したのですが、最初からこんな会話で始まります。

「ジム、いつもビジネスをありがとう。でも、私は、あなたの協会にはもっと多くのビジネスがあることを知っているわ。私はそれをリッツ・カールトンに欲しいの」

「ははは、冗談はよしてくれ、エレン。うちのVIPビジネスはすべてリッツ・カールトンにあげてきたじゃないか。もう何も残っていやしないよ」

エレンがすごいのは食事中に三度、四度とこのコメントを繰り返すのです。あなたの協会にはもっとビジネスがあるはずよ……それをぜひリッツ・カールトンに欲しいの……横で見ていると、いくら愛されるキャラクターでもさすがにやり過ぎだと心配になるのですが、とうとう、幹部も根負けして、

「わかったよ、エレン。うちの協会にはもうビジネスは残っていないけど、バルチモアの下部組織にエドという男がいるから、紹介してあげよう。もしかしたらビジネスがあるかもしれない」

こんなふうに、結局はビジネスのあっせんをしてくれるのです。

このエレンのやり方は、日本人だけでなく、ビジネスライクな会話に慣れているアメリカ人が見てもかなり冷や汗ものです。

では、どうしてエレンにはこうした押しの強い営業ができるのでしょう。それは、お客様にとって彼女はとても価値のある人間として認められてきたから

です。協会の幹部たちは数年で交代したり辞めていったりしますが、エレンは二十年以上変らずにリッツ・カールトンを代表しているのです。そのため、幹部たちの引継ぎ事項には大事なコンタクトとして、エレンの名前が記されています。

エレンは、自分が関わったコンベンションは百パーセント成功させます。もちろん会場になるリッツ・カールトンのスタッフの協力があってのことですが、彼女のほうも協力を得るための努力を惜しまないし、自らも動き回ります。その結果、コンベンションは大いに盛り上がり、大成功を収めるのです。当然、主催者側の幹部たちも組織内で高い評価を受けることになります。つまりお客様にとっても、エレンとのビジネスは非常に価値のあるものなのです。

ビジネスにおいて「紳士淑女であるお客様にお仕えする紳士淑女である」ということの真意は、エレンのように、いただいたビジネス以上の価値をお客様に返すということ。これを毎年、毎年コツコツと繰り返すことです。紳士淑女への近道はありません。

いつも相手のことを考え、最高のホスピタリティを発揮するための努力を積み重ねていけば、それが自分の習慣となっていきます。そして習慣化された行動はホスピタリティマンとしての人格を形成していく。お客様の立場にたった会話、お客様の成功を手助けするための提案、それらは必ず結果となって表れ、お客様からの評価に結びついていきます。そして長い年月をかけてワインが樽で熟成するように、相互に尊敬しあえる関係が築かれていきます。

ホスピタリティ産業で働くことの本当の醍醐味はそこにあるのではないでしょうか。

最後に

〜 そして夢は次の舞台へ 〜

リッツ・カールトンのロゴマークは、ライオンと王冠（クラウン）が合体したものです。

パリのホテル・リッツの創立者、セザール・リッツは、〃ライオン〃をフランスにおける当時の富裕の象徴として選びました。〃王冠〃は、英国の王侯貴族の証、貴族社会の力を表していました。

リッツ・カールトンはこのセザール・リッツの、当時としては非常に斬新《ざんしん》なアイデアと仕組みとで、王侯貴族、政界財界の富裕顧客層に絶対的な支持を得ていきました。

アメリカに進出した後も、そのリッツの精神と哲学は、リッツ・カールトンに受け継がれ、アメリカ、ヨーロッパ、アジアでトップ五パーセントの顧客層をターゲットに着実に基盤を広げてきました。

そしていま、次世代のリッツ・カールトンがジョージア州、アトランタで産声をあげてから、二十年という歳月が流れました。

その間の市場の変化はすさまじく、とくにIT革命がもたらした流通、通信、金融、証券といった分野への影響は、リッツ・カールトンを取り巻く環境にも大きな衝撃を与えるとともに、思い切った発想の転換を迫ることになります。

つまり、まったく新しい〝見識を持った若い富裕層〟の台頭です。

かつての伝統的なリッツ・カールトンのお客様とは明らかに違う価値観と人生観で、ラグジュアリー・ライフスタイルを謳歌《おうか》する新富裕層がリッツ・カールトンの顧客層の大きな部分を占めてきているのです。

ホテルも大きくパラダイムの転換を求められています。

伝統のうえに安住するのではなく、ロゴマークであるライオンと王冠から〝過去の成功体験〟というほこりを払い落とし、伝説のサービスを次のステージへと進化させる時が来ているのです。

といっても、リッツ・カールトンの企業価値や哲学を変えてしまおうというわけではありません。価値観の違う新富裕層にとっても、魅力溢《あふ》れる、感性豊なブランドとして、リッツ・カールトンが受け入れられる、新たなアプローチが必要になってくるのです。

たとえば、かつてはエクササイズ・マシンがあるだけのフィットネス・センターで十分だったものが、いまではさまざまなトリートメント・メニューを揃えたスパを充実させることが、リゾートホテルだけでなく都市ホテルにおいても欠かすことはできません。現在、リッツ・カールトンはホテル・カンパニーとしては世界最大のスパ運営会社になっています。

さらにオプティマル・ヘルスの実現や、スロー・エイジングを目指す若き経営者の方々のニーズにマッチした、ヘルシーメニューやマクロ・ビオティック・メニューなどを充実させる努力もさらに必要になってきます。

そして今後は、ホテル開発の舞台もどんどんグローバル化していき、ロシア、中国、中近東というように文化的にとてもユニークな地域に広がっています。

「クレドカード」に集約されている、「ゴールド・スタンダード」がつくり出すリッツ・カールトンの企業文化と、いろいろな国、地域の独自の文化と融合して生まれる、ハイブリッドなブランド文化。

創業時から一貫して変わらないビジョンの達成を目指して、ラグジュアリー・ライフスタイルとしてのリッツ・カールトン・ブランドは、〝感性を磨くステージ〟を実現するための努力をさらに続けていくのです。

【著者紹介】

高野　登（たかの・のぼる）

◉――1953年、長野県戸隠生まれ。プリンス・ホテル・スクール（現日本ホテルスクール）第一期生。卒業後、ニューヨークに渡る。ホテルキタノ、ＮＹスタットラー・ヒルトンなどを経て、1982年、目標のＮＹプラザホテルに勤務。

◉――その後、ＬＡボナベンチャー、ＳＦフェアモントホテルなどでマネジメントを経験し、1990年にザ･リッツ･カールトン・サンフランシスコの開業に携わった後、リッツ・カールトンＬＡオフィスに転勤。その間、マリナ・デル・レイ、ハンティントン、シドニーの開業をサポートし、同時に日本支社を立ち上げる。

◉――1993年にホノルルオフィスを開設した後、翌94年、日本支社長として転勤。リッツ・カールトンの日本における営業・マーケティング活動をしながら、ザ・リッツ・カールトン大阪の開業準備に参画。現在は、ザ・リッツ・カールトン東京の開業を見据えながら、ブランディング活動を中心とした、メディア・パブリシティ戦略に積極的に取り組む。

◉――リッツ・カールトンの成功事例を中心に、企業活性化、人材育成、社内教育などの講演依頼が後を絶たない。2010年に「人とホスピタリティ研究所」を設立し、所長となる。

◉――著書に『絆が生まれる瞬間』『リッツ・カールトンで育まれたホスピタリティノート』（ともにかんき出版）、『リッツ・カールトン　一瞬で心が通う「言葉がけ」の習慣』（日本実業出版社）がある。

リッツ・カールトンが大切《たいせつ》にする　サービスを超《こ》える瞬間《しゅんかん》〈検印廃止〉

2005年９月５日　　第１刷発行
2025年６月12日　　第62刷発行

著　者――高野　登
発行者――齊藤　龍男
発行所――株式会社かんき出版
東京都千代田区麴町4-1-4西脇ビル　〒102-0083
電話　営業部：03(3262)8011㈹　　編集部：03(3262)8012㈹
FAX　03(3234)4421　　振替　00100-2-62304
https://www.kanki-pub.co.jp/

印刷所――ベクトル印刷株式会社

乱丁・落丁本は小社にてお取り替えいたします。

ISBN978-4-7612-6278-5 C0034

ホスピタリティの伝道師・高野登のベストセラー

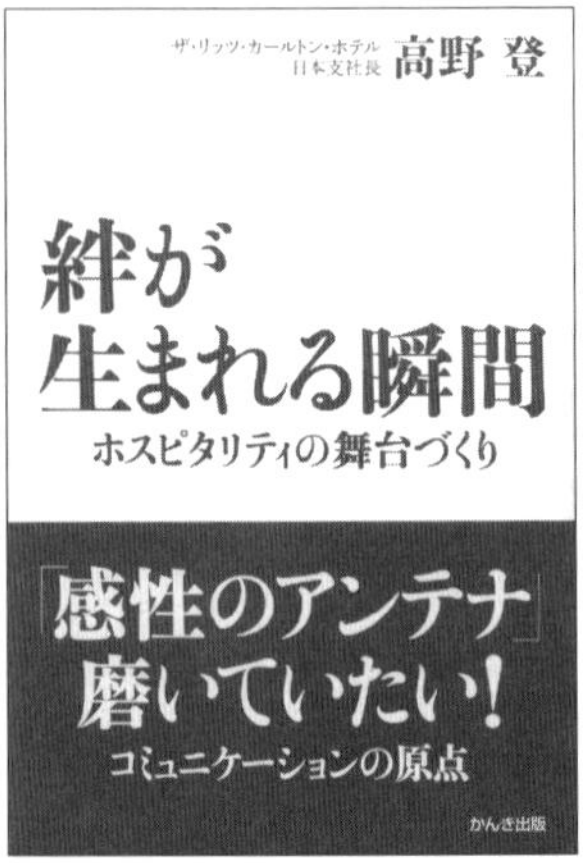

ザ・リッツ・カールトン・ホテル　前・日本支社長
高野　登＝著

本体1500円

ISBN978-4-7612-6569-4

出会いを点で終わらせる人と、線にできる人にはどんな違いがあるのか。縁を深めて絆にまでしていく、そのカギはホスピタリティの心。お客様、社員、家族、みんなが幸せになるコミュニケーションに必要なこととは。

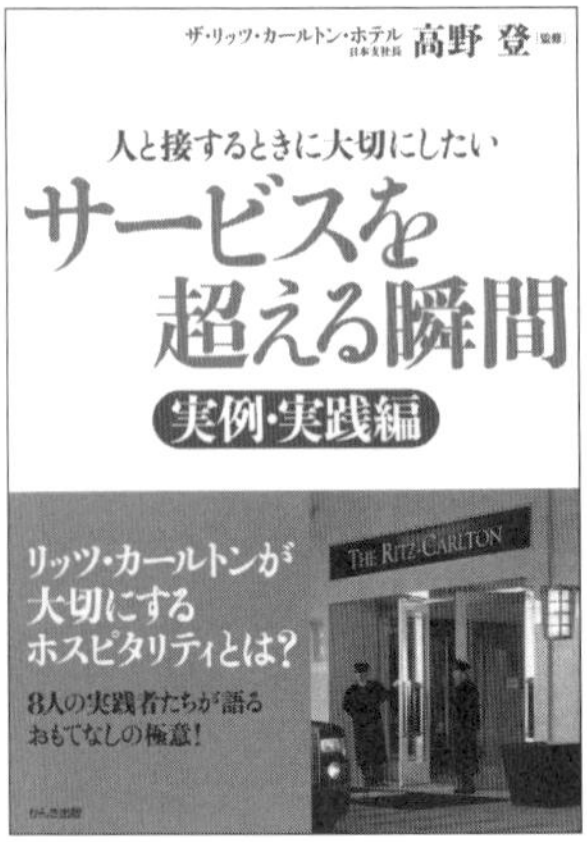

ザ・リッツ・カールトン・ホテル　前・日本支社長
高野　登＝監修

本体1200円

ISBN978-4-7612-6442-0

真のホスピタリティとは、お客様の「満足」を100%満たすサービスを超えて、さらに上の「感動」を生み出すこと。本書では、8人のホスピタリティの実践者たちが、サービスの原点を明かす。